M. TULLIUS CICERO

Philippische Reden gegen M. Antonius

Erste und zweite Rede

LATEINISCH / DEUTSCH

ÜBERSETZT UND HERAUSGEGEBEN
VON MARION GIEBEL

PHILIPP RECLAM JUN. STUTTGART

Universal-Bibliothek Nr. 2233 [3]

Gesamtherstellung: Reclam, Ditzingen. Printed in Germany 1989

ISBN 3-15-002233-9

M. Tulli Ciceronis
in M. Antonium
oratio Philippica prima

M. Tullius Ciceros
erste Philippische Rede
gegen M. Antonius

(1) Ante quam de re publica, patres conscripti, dicam ea quae dicenda hoc tempore arbitror, exponam vobis breviter consilium et profectionis et reversionis meae.
Ego cum sperarem aliquando ad vestrum consilium auctoritatemque rem publicam esse revocatam, manendum mihi statuebam quasi in vigilia quadam consulari ac senatoria. Nec vero usquam discedebam nec a re publica deiciebam oculos ex eo die quo in aedem Telluris convocati sumus. In quo templo, quantum in me fuit, ieci fundamenta pacis Atheniensiumque renovavi vetus exemplum; Graecum etiam verbum usurpavi quo tum in sedandis discordiis usa erat civitas illa, atque omnem memoriam discordiarum oblivione sempiterna delendam censui.
(2) Praeclara tum oratio M. Antoni, egregia etiam voluntas; pax denique per eum et per liberos eius cum praestantissimis civibus confirmata est. Atque his principiis reliqua consentiebant. Ad deliberationes eas quas habebat domi de re publica principes civitatis adhibebat; ad hunc ordinem res optimas deferebat; nihil tum nisi quod erat notum omnibus in C. Caesaris commentariis reperiebatur; summa constantia ad ea quae quaesita erant respondebat. (3) 'Num qui exsules restituti?' Unum aiebat, praeterea neminem. 'Num immunitates datae?' 'Nullae' respondebat. Adsentiri etiam nos Ser. Sulpicio, clarissimo viro, voluit, ne qua tabula post Idus

(1) Senatoren! Bevor ich die Erklärungen zur politischen Lage abgebe, die ich zum gegenwärtigen Zeitpunkt für notwendig halte, möchte ich euch kurz auseinandersetzen, was mich zu meiner Abreise wie auch zu meiner Rückkehr bewogen hat.

Solange ich hoffen konnte, das Staatswesen sei endlich einmal wieder in eure Entscheidung und Verantwortung zurückgegeben, stand es für mich fest, ich müsse bleiben und als Konsular und Senator gleichsam meinen Posten beziehen. Ich bin ja auch wirklich niemals vom Platz gewichen und habe unser Staatswesen nie aus den Augen gelassen, von dem Tag an, als man uns im Tempel der Tellus zusammenrief.[1] In diesem Tempel habe ich, soweit es in meinen Kräften stand, das Fundament zum Frieden gelegt und das einstige Musterbeispiel der Athener zu neuem Leben erweckt. Ich habe mir sogar die griechische Benennung zu eigen gemacht, die damals die Bürgerschaft Athens bei der Schlichtung ihrer Streitigkeiten gebraucht hat.[2] Jegliche Erinnerung an unseren Zwist sollte nach meinem Vorschlag ewigem Vergessen anheimgegeben sein.

(2) Eine glänzende Rede hielt Marcus Antonius damals, hervorragend war auch seine Staatsgesinnung; mit einem Wort: durch ihn und seine Kinder wurde der Friede mit unseren trefflichsten Mitbürgern besiegelt.[3] Und mit diesen Anfängen stimmte auch das Weitere überein. Zu den Beratungen, die Antonius bei sich daheim über die politische Lage abhielt, zog er die führenden Männer unseres Staates hinzu. Dem Senat hier unterbreitete er vorzügliche Vorschläge. Damals fand sich in den Nachlaßverordnungen Caesars nichts außer dem, was jedermann bekannt war.[4] Mit unerschütterlicher Festigkeit antwortete er auf sämtliche an ihn gerichteten Fragen. (3) »Sollen Verbannte zurückberufen werden?« Nur ein einziger, sagte er, sonst niemand.[5] »Sollen Tributbefreiungen gewährt werden?« »Keine«, antwortete er. Er wünschte sogar, wir sollten dem Antrag des Servius Sulpicius[6], dieses ehrenwerten Mannes, beistimmen,

Martias ullius decreti Caesaris aut benefici figeretur. Multa praetereo eaque praeclara; ad singulare enim M. Antoni factum festinat oratio. Dictaturam, quae iam vim regiae potestatis obsederat, funditus ex re publica sustulit; de qua ne sententias quidem diximus. Scriptum senatus consultum quod fieri vellet attulit, quo recitato auctoritatem eius summo studio secuti sumus eique amplissimis verbis per senatus consultum gratias egimus. (4) Lux quaedam videbatur oblata non modo regno, quod pertuleramus, sed etiam regni timore sublato, magnumque pignus ab eo rei publicae datum, se liberam civitatem esse velle, cum dictatoris nomen, quod saepe iustum fuisset, propter perpetuae dictaturae recentem memoriam funditus ex re publica sustulisset.

(5) Liberatus periculo caedis paucis post diebus senatus; uncus impactus est fugitivo illi qui in Mari nomen invaserat. Atque haec omnia communiter cum conlega; alia porro propria Dolabellae quae, nisi conlega afuisset, credo eis futura fuisse communia. Nam cum serperet in urbe infinitum malum idque manaret in dies latius, idemque bustum in foro facerent qui illam insepultam sepulturam effecerant, et cotidie magis magisque perditi homines cum sui similibus servis tectis ac templis urbis minarentur, talis animadversio

wonach keine Erlasse oder Vergünstigungen Caesars mit einem Datum nach dem 15. März veröffentlicht werden sollten. Viele ausgezeichnete Verlautbarungen will ich übergehen; ich möchte nämlich rasch zu einer ganz einzigartigen Tat des Marcus Antonius kommen. Die Diktatur, die schon die Bedeutung einer königlichen Zwingherrschaft gewonnen hatte, tilgte er von Grund auf aus der Verfassung, wobei wir nicht einmal unsere Stimme abzugeben hatten. Er brachte den Senatsbeschluß in der Fassung, wie er ihn wünschte, schriftlich mit, und nach der Verlesung schlossen wir uns seiner maßgeblichen Äußerung mit voller Zustimmung an und richteten in höchst ehrenvoller Weise ein Dankesvotum an Antonius. (4) Das Licht schien uns wiedergeschenkt, als nicht nur die Königsherrschaft, die wir zu erdulden gehabt hatten, sondern sogar die Furcht vor dem Königtum überhaupt von uns genommen war. Antonius hatte damit dem Staat ein sicheres Unterpfand dafür gegeben, daß er ein freies Gemeinwesen wünschte – hatte er doch das Amt des Diktators, das oftmals nach Recht und Gesetz ausgeübt worden war – von Grund auf aus der Verfassung getilgt, und zwar weil man die Diktatur als ständige Einrichtung noch in frischer Erinnerung hatte.[7]

(5) Wenige Tage später wurde der Senat von der Gefahr eines blutigen Mordens befreit. Den Haken bekam er in den Hals geschlagen, dieser Herumtreiber, der sich den Namen eines Marius angemaßt hatte.[8] Und das alles geschah im Einvernehmen mit Antonius' Amtskollegen. Was folgte, war Dolabellas eigenes Verdienst, aber ich glaube, wäre Antonius nur in Rom gewesen, dann hätten sie beide auch alles weitere gemeinsam ausgeführt. Denn da schlich sich nun allenthalben diese üble Seuche in die Stadt ein und machte sich von Tag zu Tag mehr breit, und dieselben Gestalten, die jenes Unglücksbegräbnis[9] abgehalten hatten, errichteten nun ein Grabmal auf dem Forum. Tagtäglich sammelte sich immer mehr verrufenes Gesindel gemeinsam mit Sklaven vom gleichen Schlag und bedrohte Häuser und

fuit Dolabellae cum in audacis sceleratosque servos, tum in impuros et nefarios liberos, talisque eversio illius exsecratae columnae ut mihi mirum videatur tam valde reliquum tempus ab illo uno die dissensisse. (6) Ecce enim Kalendis Iuniis, quibus ut adessemus edixerant, mutata omnia: nihil per senatum, multa et magna per populum et absente populo et invito. Consules designati negabant se audere in senatum venire; patriae liberatores urbe carebant ea cuius a cervicibus iugum servile deiecerant, quos tamen ipsi consules in contionibus et in omni sermone laudabant. Veterani qui appellabantur, quibus hic ordo diligentissime caverat, non ad conservationem earum rerum quas habebant, sed ad spem novarum praedarum incitabantur. Quae cum audire mallem quam videre haberemque ius legationis liberum, ea mente discessi ut adessem Kalendis Ianuariis, quod initium senatus cogendi fore videbatur.

(7) Exposui, patres conscripti, profectionis consilium: nunc reversionis, quae plus admirationis habet, breviter exponam. Cum Brundisium iterque illud quod tritum in Graeciam est non sine causa vitavissem, Kalendis Sextilibus veni Syracusas, quod ab ea urbe transmissio in Graeciam laudabatur: quae tamen urbs mihi coniunctissima plus una me nocte cupiens retinere non potuit. Veritus sum ne meus repentinus ad meos necessarios adventus suspicionis aliquid adferret, si

Tempel der Stadt. Da schritt nun Dolabella mit solchem Nachdruck gegen die tollkühnen, verbrecherischen Sklaven wie auch gegen die gottlosen, nichtswürdigen Freien ein und zerstörte die Schandsäule – ich muß es daher unbegreiflich finden, daß sich der künftige Zeitraum so grundlegend von diesem einen Tag unterschied. (6) Denn siehe da, am 1. Juni, dem Tag, an dem die Konsuln unser Erscheinen angeordnet hatten, da war alles wie umgewandelt: Nichts ging mehr auf dem Wege der Anhörung des Senats, man traf zahlreiche wichtige Entscheidungen mit Hilfe der Volksversammlung, aber das Volk war weder dabei noch dafür. Die designierten Konsuln[10] behaupteten, sie könnten es nicht wagen, in den Senat zu gehen. Die Vaterlandsbefreier aber mieden die Stadt, der sie das Sklavenjoch vom Nacken genommen hatten. Gerade von den Konsuln wurden sie aber bei jeder öffentlichen und privaten Verlautbarung gelobt und gepriesen. Die eigens herbeorderten Veteranen – die der senatorische Stand höchst gewissenhaft versorgt hatte – wurden fortwährend aufgehetzt, nicht etwa zur Wahrung ihres Besitzes, sondern mit der Aussicht auf neue Beute. Solche Dinge wollte ich lieber hören als mitansehen, und da ich eine Legatenstelle zur freien Verfügung hatte,[11] reiste ich ab mit dem Vorsatz, am 1. Januar wieder dazusein, an dem Tag, an dem der Senat voraussichtlich zum ersten Mal wieder zusammentreten würde.

(7) Ich habe euch die Beweggründe für meine Abreise dargelegt, Senatoren, nun will ich kurz über meine Rückkehr sprechen, die noch mehr zu Befremden Anlaß gab. Brundisium und den üblichen Reiseweg nach Griechenland hatte ich nicht ohne Grund gemieden[12] und kam nun am 1. August in Syrakus an. Man hatte mir nämlich empfohlen, von dort aus nach Griechenland überzusetzen. Diese Stadt, zu der ich enge Verbindungen habe, konnte mich nicht länger als eine Nacht halten, so sehr man es auch wünschte. Ich fürchtete, mein unvermutetes Auftauchen bei meinen Gastfreunden könnte im Falle eines längeren Aufenthaltes

essem commoratus. Cum autem me ex Sicilia ad Leucopetram, quod est promunturium agri Regini, venti detulissent, ab eo loco conscendi ut transmitterem; nec ita multum provectus reiectus Austro sum in eum ipsum locum unde conscenderam. (8) Cumque intempesta nox esset mansissemque in villa P. Valeri, comitis et familiaris mei, postridieque apud eundem ventum exspectans manerem, municipes Regini complures ad me venerunt, ex eis quidam Roma recentes: a quibus primum accipio M. Antoni contionem, quae mihi ita placuit ut ea lecta de reversione primum coeperim cogitare. Nec ita multo post edictum Bruti adfertur et Cassi, quod quidem mihi, fortasse quod eos plus etiam rei publicae quam familiaritatis gratia diligo, plenum aequitatis videbatur. Addebant praeterea – fit enim plerumque ut ei qui boni quid volunt adferre adfingant aliquid quo faciant id quod nuntiant laetius – rem conventuram: Kalendis senatum frequentem fore; Antonium, repudiatis malis suasoribus, remissis provinciis Galliis, ad auctoritatem senatus esse rediturum. (9) Tum vero tanta sum cupiditate incensus ad reditum ut mihi nulli neque remi neque venti satis facerent, non quo me ad tempus occursurum non putarem, sed ne tardius quam cuperem rei publicae gratularer. Atque ego celeriter Veliam devectus Brutum vidi: quanto meo dolore non dico. Turpe mihi ipsi videbatur in eam urbem me audere reverti ex qua Brutus cederet, et ibi velle tuto esse ubi ille non posset. Neque vero illum similiter atque ipse eram commotum esse vidi. Erectus enim maximi ac pulcherrimi

Argwohn erregen.[13] Als mich dann aber die Winde von Sizilien nach Leucopetra, dem Vorgebirge von Regium,[14] verschlagen hatten, schiffte ich mich von dort aus zur Überfahrt ein. Ich war noch nicht weit gekommen, da trieb mich der Südwind wieder an meinen Ausgangsort zurück. (8) Es war mitten in der Nacht, und ich blieb im Landhaus meines Begleiters und Freundes Publius Valerius. Auch am folgenden Tag hielt ich mich dort auf und wartete auf günstigen Wind. Da kamen mehrere Bürger aus Regium zu mir, darunter einige, die eben aus Rom zurückgekehrt waren. Von ihnen erhielt ich zuerst die Rede, die Marcus Antonius in der Volksversammlung gehalten hatte. Sie sagte mir so sehr zu, daß ich nach ihrer Lektüre den Gedanken an eine Umkehr faßte. Nicht viel später erhielt ich das Manifest des Brutus und Cassius,[15] das mir höchst angemessen erschien, vielleicht weil ich sie beide mehr noch um des Staates willen als aus vertrauter Freundschaft liebe. Die Leute fügten außerdem noch hinzu – so kommt es ja meistens: wer gute Nachrichten verkünden will, schmückt seine Botschaft aus, damit sie noch erfreulicher erscheint – sie sagten also, es werde zu einer Übereinkunft kommen. Am 1. September trete der Senat vollzählig zusammen, Antonius aber werde seine schlechten Ratgeber verabschieden, die Anwartschaft auf die gallischen Provinzen[16] aufgeben und wieder mit dem Senat zusammenarbeiten. (9) Da ergriff mich ein so brennendes Verlangen heimzukehren, daß mich weder Ruder noch Winde zufriedenstellen konnten; nicht weil ich befürchtete, nicht zeitig genug dazusein, sondern um nicht später als erwünscht unserem Staat meine Glückwünsche zu überbringen. Also fuhr ich rasch hinunter nach Velia[17] und traf dort Brutus. Ich kann nicht sagen, wie schmerzlich das für mich war. Beschämend erschien es mir, daß ich es wagen konnte, in die Stadt zurückzukehren, die ein Brutus hatte verlassen müssen, und dort sicher leben zu wollen, wo er dies nicht konnte. Ich sah aber, daß er durchaus nicht so bewegt war wie ich. Aufrecht im Bewußtsein seiner großen,

facti sui conscientia nihil de suo casu, multa de vestro querebatur. (10) Exque eo primum cognovi quae Kalendis Sextilibus in senatu fuisset L. Pisonis oratio: qui quamquam parum erat – id enim ipsum a Bruto audieram – a quibus debuerat adiutus, tamen et Bruti testimonio – quo quid potest esse gravius? – et omnium praedicatione quos postea vidi magnam mihi videbatur gloriam consecutus. Hunc igitur ut sequerer properavi quem praesentes non sunt secuti, non ut proficerem aliquid – nec enim sperabam id nec praestare poteram – sed ut, si quid mihi humanitus accidisset – multa autem impendere videntur praeter naturam etiam praeterque fatum – huius tamen diei vocem testem rei publicae relinquerem meae perpetuae erga se voluntatis.

(11) Quoniam utriusque consili causam, patres conscripti, probatam vobis esse confido, prius quam de re publica dicere incipio, pauca querar de hesterna M. Antoni iniuria: cui sum amicus, idque me non nullo eius officio debere esse prae me semper tuli. Quid tandem erat causae cur die hesterno in senatum tam acerbe cogerer? Solusne aberam, an non saepe minus frequentes fuistis, an ea res agebatur ut etiam aegrotos deferri oporteret? Hannibal, credo, erat ad portas aut de Pyrrhi pace agebatur, ad quam causam etiam Appium illum et caecum et senem delatum esse memoriae proditum est. (12) De supplicationibus referebatur, quo in genere senatores deesse non solent. Coguntur enim non

herrlichen Tat fand er kein Wort der Klage für seine eigene Lage, um so mehr aber beklagte er die eure. (10) Von ihm erfuhr ich zuerst Näheres über die Rede, die Lucius Piso[18] am 1. August im Senat gehalten hatte. Zwar hatten ihn diejenigen zu wenig unterstützt, deren Pflicht es gewesen wäre – das eben hatte ich von Brutus gehört –, doch schien mir aus dem Zeugnis des Brutus – und was könnte mehr Gewicht haben? – sowie aus den lobenden Äußerungen aller, die ich später traf, dies eine hervorzugehen: Piso hat sich großen Ruhm erworben. Ich eilte nun, um seinem Beispiel zu folgen, dem die Anwesenden nicht gefolgt waren. Nicht daß ich mir davon einen Erfolg versprach – soweit gingen weder meine Erwartungen noch mein Einfluß; für den Fall aber, daß mir etwas Menschliches zustieße – denn es gibt ja offenbar allerhand Bedrohliches außer dem, was Natur und Schicksal mit sich bringen –, für diesen Fall also wollte ich dem Gemeinwesen an diesem Tag meine Stellungnahme hinterlassen als Zeugnis dafür, daß ich ihm gegenüber stets treugesinnt gewesen bin.

(11) Ich habe sicher eure Billigung gefunden, Senatoren, was den Kurs angeht, den ich in beiden Fällen eingeschlagen habe. Bevor ich nun zur politischen Lage Stellung nehme, möchte ich noch in wenigen Worten Beschwerde führen über das anstößige Verhalten des Marcus Antonius am gestrigen Tage. Ich bin sein Freund[19] und habe immer offen zugegeben, daß ich mich aufgrund so mancher guter Dienste seinerseits dazu verpflichtet fühle. Warum mußte ich also gestern in so gehässiger Form in den Senat genötigt werden? War ich als einziger nicht da? Oder gab es nicht schon öfter noch weniger Anwesende bei euch? Wurde etwa eine solch wichtige Sache behandelt, daß man sogar die Kranken hintragen mußte? Hannibal stand vor den Toren, glaube ich, oder es ging um den Friedensschluß mit Pyrrhus. Dazu hat man der Überlieferung nach ja sogar den Appius herbeigetragen, einen blinden alten Mann.[20] (12) Ein Dankfest sollte beschlossen werden, und da bleiben die Senatoren gewöhn-

pignoribus, sed eorum de quorum honore agitur gratia; quod idem fit, cum de triumpho refertur. Ita sine cura consules sunt ut paene liberum sit senatori non adesse. Qui cum mihi mos notus esset cumque e via languerem et mihimet displicerem, misi pro amicitia qui hoc ei diceret. At ille vobis audientibus cum fabris se domum meam venturum esse dixit. Nimis iracunde hoc quidem et valde intemperanter. Cuius enim malefici tanta ista poena est ut dicere in hoc ordine auderet se publicis operis disturbaturum publice ex senatus sententia aedificatam domum? Quis autem umquam tanto damno senatorem coegit? aut quid est ultra pignus aut multam? Quod si scisset quam sententiam dicturus essem, remisisset aliquid profecto de severitate cogendi.

(13) An me censetis, patres conscripti, quod vos inviti secuti estis, decreturum fuisse, ut parentalia cum supplicationibus miscerentur, ut inexpiabiles religiones in rem publicam inducerentur, ut decernerentur supplicationes mortuo? Nihil dico cui. Fuerit ille L. Brutus qui et ipse dominatu regio rem publicam liberavit et ad similem virtutem et simile factum stirpem iam prope in quingentesimum annum propagavit: adduci tamen non possem ut quemquam mortuum coniungerem cum deorum immortalium religione; ut, cuius sepulcrum usquam exstet ubi parentetur, ei publice supplicetur. Ego vero eam sententiam dixissem ut me adversus

lich nicht aus. Sie kommen nicht wegen drohender Ordnungsstrafen, sondern denen zuliebe, die geehrt werden sollen. Ebenso ist es, wenn ein Triumph zu bewilligen ist. Da können es die Konsuln unbesorgt dem Senator geradezu freistellen, ob er kommen will oder nicht. Schließlich kannte ich diese Gepflogenheit; ich war von der Reise ermüdet und fühlte mich nicht wohl; also habe ich ihm das bestellen lassen, wie es die Freundschaft erfordert. Er aber hat vor euch gesagt, er werde mit einem Abbruchkommando vor mein Haus kommen. Das ist doch ziemlich blindwütig und recht unbeherrscht. Welche Übeltat verdient denn eine solche Strafe, daß er es hier vor diesem Gremium wagen kann zu sagen, er werde mit öffentlichen Mitteln ein Haus niederreißen lassen, das aufgrund eines Senatsbeschlusses von der Öffentlichkeit erbaut wurde?[21] Wer hat jemals einen Senator mit einer solchen Strafandrohung in den Senat geholt? Oder was gibt es für Ordnungsstrafen über Kaution oder Bußgeld hinaus? Wäre ihm klar gewesen, wie ich mich äußern würde, hätte er wohl nicht gar so streng auf meinem Kommen bestanden.

(13) Oder seid ihr der Meinung, Senatoren, ich hätte dem zugestimmt, was ihr wider Willen gebilligt habt? Daß Totenfeier und Dankfest durcheinandergebracht werden? Daß der Staat mit einem unsühnbaren Religionsfrevel belastet wird? Daß ein Dankfest für einen Toten beschlossen wird?[22] Ich will gar nichts davon sagen für wen. Mag es immerhin Lucius Brutus[23] sein, der in eigener Person das Gemeinwesen von königlicher Zwangsherrschaft befreit und nun nach fast 500 Jahren in seinem Nachkommen den Keim zu einer gleich hochherzigen Haltung und zu gleicher Tat gelegt hat. Aber auch dann könnte ich mich nicht dazu bereit finden, einen verstorbenen Menschen mit religiösen Bräuchen für die unsterblichen Götter in Verbindung zu bringen. Warum es dulden, daß jemand, der eine Grabstätte für feierliche Totenopfer besitzt, von Staatswegen ein Dankfest erhält? Ich hätte mich jedenfalls so geäußert, daß ich

populum Romanum, si qui accidisset gravior rei publicae casus, si bellum, si morbus, si fames, facile possem defendere; quae partim iam sunt, partim timeo ne impendeant. Sed hoc ignoscant di immortales velim et populo Romano qui id non probat, et huic ordini qui decrevit invitus. (14) Quid? de reliquis rei publicae malis licetne dicere? Mihi vero licet et semper licebit dignitatem tueri, mortem contemnere. Potestas modo veniendi in hunc locum sit: dicendi periculum non recuso. Atque utinam, patres conscripti, Kalendis Sextilibus adesse potuissem! non quo profici potuerit aliquid, sed ne unus modo consularis, quod tum accidit, dignus illo honore, dignus re publica inveniretur. Qua quidem ex re magnum accipio dolorem, homines amplissimis populi Romani beneficiis usos L. Pisonem ducem optimae sententiae non secutos. Idcircone nos populus Romanus consules fecit ut in altissimo gradu dignitatis locati rem publicam pro nihilo haberemus? Non modo voce nemo L. Pisoni consularis sed ne voltu quidem adsensus est. (15) Quae, malum, est ista voluntaria servitus? Fuerit quaedam necessaria; neque ego hoc ab omnibus eis desidero qui sententiam consulari loco dicunt. Alia causa est eorum quorum silentio ignosco; alia eorum, quorum vocem requiro. Quos quidem doleo in suspicionem populo Romano venire non metu, quod ipsum esset turpe, sed alium alia de causa deesse dignitati suae. Qua re primum maximas

mich dem römischen Volk gegenüber leicht zu rechtfertigen vermöchte, falls ein schlimmeres Unheil den Staat träfe, sei es Krieg, Seuche oder Hungersnot. Solche Übel sind ja zum Teil schon eingetreten, teils, fürchte ich, stehen sie uns unmittelbar bevor. Aber dafür mögen uns die unsterblichen Götter Verzeihung gewähren, sowohl dem römischen Volk, das dies nicht gebilligt, als auch dem Senat hier, der es wider Willen beschlossen hat.

(14) Aber weiter! Ist es erlaubt, die sonstigen Mißstände des Gemeinwesens beim Namen zu nennen? Mir ist es erlaubt, und es wird mir immer erlaubt sein, meine Würde zu wahren und den Tod zu verachten. Steht es mir nur frei, hierher zu kommen, so will ich mich der Gefahr öffentlicher Äußerungen nicht entziehen. Hätte ich nur am 1. August hier sein können, Senatoren! Nicht daß man etwas hätte erreichen können, sondern damit es nicht – wie es damals geschah – bei dem einen Konsular geblieben wäre, der sich seines Ranges und unseres Staatswesens würdig erwies. Daher empfinde ich es schmerzlich, daß Männer, die vom römischen Volk zu den höchsten Ehrenstellen berufen wurden, dem Lucius Piso nicht nachfolgten, als er ihnen mit seiner Meinungsäußerung den besten Weg wies. Hat uns das römische Volk etwa dafür zu Konsuln gewählt, damit wir von der höchsten Rangstufe aus das Gemeinwesen für nichts achten? Nicht einmal mit einem Blick, geschweige denn mit einem Wort hat auch nur ein einziger der Konsulare dem Lucius Piso seine Zustimmung zu erkennen gegeben. (15) Was ist das, o Schmach und Schande, für eine freiwillige Sklaverei? Wohl war manches unvermeidlich; ich verlange es auch gar nicht von allen, die als Konsulare ihr Votum abgeben. Da gibt es einige, deren Schweigen ich sehr gut verstehe. Es gibt aber auch andere, von denen ich eine Stellungnahme verlange. Sie kommen zu meinem Bedauern beim römischen Volk in den Verdacht, nicht aus Angst, was schon schlimm genug wäre, sondern aus manch anderem Grund vergessen zu haben, was sie ihrer Würde schuldig

gratias et ago et habeo Pisoni, qui non quid efficere posset in re publica cogitavit, sed quid facere ipse deberet. Deinde a vobis, patres conscripti, peto ut, etiam si sequi minus audebitis orationem atque auctoritatem meam, benigne me tamen, ut fecistis adhuc, audiatis.

(16) Primum igitur acta Caesaris servanda censeo, non quo probem – quis enim id quidem potest? – sed quia rationem habendam maxime arbitror pacis atque oti. Vellem adesset M. Antonius, modo sine advocatis – sed, ut opinor, licet ei minus valere, quod mihi heri per illum non licuit – doceret me vel potius vos, patres conscripti, quem ad modum ipse Caesaris acta defenderet. An in commentariolis et chirographis et libellis se uno auctore prolatis, ne prolatis quidem sed tantum modo dictis, acta Caesaris firma erunt: quae ille in aes incidit, in quo populi iussa perpetuasque leges esse voluit, pro nihilo habebuntur? (17) Equidem existimo nihil tam esse in actis Caesaris quam leges Caesaris. An, si cui quid ille promisit, id erit fixum quod idem facere non potuit? ut multis multa promissa non fecit: quae tamen multo plura illo mortuo reperta sunt quam a vivo beneficia per omnis annos tributa et data.

Sed ea non muto, non moveo: summo studio illius praeclara acta defendo. Pecunia utinam ad Opis maneret! cruenta illa

sind.[24] Daher spreche ich zunächst einmal Piso in aller Form meinen ganz besonderen Dank aus: Er hat bei seinem Handeln für das Gemeinwesen nicht den praktischen Nutzen, sondern seine eigene Pflicht und Schuldigkeit vor Augen gehabt. Ferner bitte ich euch, Senatoren, auch wenn ihr es nicht recht wagt, euch meinen Äußerungen und meiner Autorität anzuschließen: Schenkt mir dennoch wie bisher bereitwillig Gehör!
(16) Zunächst einmal bin ich der Meinung, die Verordnungen Caesars sollten in Kraft bleiben, nicht weil ich sie billige – wer könnte das auch? –, sondern weil ich es für das Vordringlichste ansehe, Ruhe und Frieden zu bewahren. Ich wollte, Marcus Antonius wäre hier, aber freilich ohne seine Helfershelfer, doch ich vermute, er darf krank sein, was er mir gestern nicht erlaubt hat. Er würde mich, oder vielmehr euch, Senatoren, darüber belehren, wie er selbst für die Verordnungen Caesars eintritt. Soll etwa das, was aus dessen Entwürfen, handschriftlichen Notizen und Verzeichnissen veröffentlicht wurde – beglaubigt einzig und allein von Antonius selbst –, oder das, was nicht einmal veröffentlicht, sondern nur laut mündlicher Auskunft vorhanden ist – soll das alles als Verordnungen Caesars Gültigkeit besitzen? Was er aber in Erz eingegraben hat, was er als Volksbeschlüsse und allzeit gültige Gesetze angesehen haben wollte, das soll null und nichtig sein? (17) Ich meine doch, nichts gehört so unbedingt zu Caesars Verordnungen wie Caesars Gesetze. Wenn er irgendwem etwas versprochen hat, das soll für ewige Zeiten gelten, obwohl er selbst es nicht mehr erfüllen konnte? Er hat ja vielen vieles versprochen und es nicht gehalten, und doch fand man nach seinem Tode weitaus mehr solche versprochenen Vergünstigungen, als er sie in all seinen Lebensjahren verliehen und vergeben hat.
Aber ich will daran nicht rühren noch rütteln; mit größtem Eifer setze ich mich vielmehr für seine großartigen Verordnungen ein. Wenn nur das Geld im Tempel der Ops[25] noch

quidem, sed his temporibus, quoniam eis quorum est non redditur, necessaria. Quamquam ea quoque sit effusa, si ita in actis fuit. (18) Ecquid est quod tam proprie dici possit actum eius qui togatus in re publica cum potestate imperioque versatus sit quam lex? Quaere acta Gracchi: leges Semproniae proferentur; quaere Sullae: Corneliae. Quid? Pompei tertius consulatus in quibus actis constitit? Nempe in legibus. De Caesare ipso si quaereres quidnam egisset in urbe et in toga, leges multas responderet se et praeclaras tulisse, chirographa vero aut mutaret aut non daret aut, si dedisset, non istas res in actis suis duceret. Sed haec ipsa concedo; quibusdam etiam in rebus coniveo; in maximis vero rebus, id est in legibus, acta Caesaris dissolvi ferendum non puto.

(19) Quae lex melior, utilior, optima etiam re publica saepius flagitata quam ne praetoriae provinciae plus quam annum neve plus quam biennium consulares obtinerentur? Hac lege sublata videnturne vobis posse Caesaris acta servari? Quid? lege quae promulgata est de tertia decuria nonne omnes iudiciariae leges Caesaris dissolvuntur? Et vos acta Caesaris defenditis qui leges eius evertitis? Nisi forte, si quid memoriae causa rettulit in libellum, id numerabitur in actis et,

da wäre! Es ist zwar Blutgeld, aber in solchen Zeiten braucht man es, zumal es ja den früheren Besitzern doch nicht zurückerstattet werden kann. Nun, mag auch dies noch verschwendet sein, wenn es so in den Verordnungen stand. (18) Was kann man aber eher im eigentlichen Sinne eine Verordnung nennen als ein Gesetz – bei einem Mann, der als römischer Bürger im Gemeinwesen mit allen Vollmachten seine Amtsgeschäfte versah? Man frage nach den Verfügungen der Gracchen[26]: Die Sempronischen Gesetze wird man vorgelegt bekommen. Fragt man nach Sullas Verordnungen, werden die Cornelischen Gesetze vorgewiesen. Und in welcher Form traf Pompeius in seinem dritten Konsulat seine Verfügungen? Doch in Gesetzesform. Würde man Caesar selbst fragen, was er in Rom und als Staatsmann geleistet habe, so würde er antworten, er habe zahlreiche gute Gesetze gegeben. Handschriftliche Anweisungen aber würde er abändern oder gar nicht ausstellen, oder, wenn er sie ausgestellt hätte, dann würde er solche Dinge jedenfalls nicht zu seinen Amtshandlungen rechnen. Aber ich lasse selbst das hingehen; bei manchem muß man eben auch ein Auge zudrücken. Beim Wichtigsten aber, das heißt bei den Gesetzen, darf man, so glaube ich, nicht dulden, daß Caesars Verordnungen außer Kraft gesetzt werden.

(19) Gibt es ein besseres, ein nützlicheres Gesetz, eines, das selbst zur Blütezeit unseres Staatswesens häufiger gefordert wurde als dieses: Die praetorischen Provinzen sollten nicht länger als ein Jahr, die konsularischen aber höchstens zwei Jahre in einer Hand bleiben?[27] Wenn dieses Gesetz gestrichen wird, glaubt ihr, man könne dann die Verordnungen Caesars überhaupt noch aufrecht erhalten? Wie? Werden nicht durch das soeben veröffentlichte Gesetz über die dritte Dekurie[28] sämtliche Gesetze Caesars kassiert, die sich auf das Gerichtswesen beziehen? Und da wollt ihr die Verordnungen Caesars verfechten und zerstört dabei seine Gesetze? Oder soll künftig das, was er sich zur Gedächtnisstütze in sein Notizbuch geschrieben hat, zu seinen Verfügungen

quamvis iniquum et inutile sit, defendetur: quod ad populum centuriatis comitiis tulit, id in actis Caesaris non habebitur.

(20) At quae est ista tertia decuria? 'Centurionum' inquit. Quid? isti ordini iudicatus lege Iulia, etiam ante Pompeia, Aurelia non patebat? 'Census praefiniebatur', inquit. Non centurioni quidem solum sed equiti etiam Romano; itaque viri fortissimi atque honestissimi qui ordines duxerunt res et iudicant et iudicaverunt. 'Non quaero' inquit 'istos: quicumque ordinem duxit, iudicet.' At si ferretis quicumque equo meruisset, quod est lautius, nemini probaretis; in iudice enim spectari et fortuna debet et dignitas. 'Non quaero' inquit 'ista: addo etiam iudices manipularis ex legione Alaudarum. Aliter enim nostri negant posse se salvos esse.' O contumeliosum honorem eis quos ad iudicandum nec opinantis vocatis! Hic enim est legis index ut ei res in tertia decuria iudicent qui libere iudicare non audeant. In quo quantus error est, di immortales! eorum qui istam legem excogitaverunt! Vt enim quisque sordidissimus videbitur, ita libentissime severitate iudicandi sordis suas eluet laborabitque ut honestis decuriis potius dignus videatur quam in turpem iure coniectus.

(21) Altera promulgata lex est ut et de vi et maiestatis damnati ad populum provocent, si velint. Haec utrum tan-

gerechnet und hochgehalten werden, wie unbillig und unnütz es auch ist? Was er aber beim Volk in den Zenturiatskomitien eingebracht hat, das soll nicht unter die Amtshandlungen Caesars gerechnet werden!

(20) Aber wie ist das mit dieser dritten Dekurie? »Es geht um die Centurionen.« Wieso? Stand Angehörigen dieses Ranges die Teilnahme an den Geschworenenämtern nicht schon nach dem Julischen, ja schon vorher nach dem Pompeischen und dem Aurelischen Gesetz offen? »Da war eine bestimmte Vermögensklasse vorgeschrieben.« Das betrifft aber nicht nur den Centurio, sondern auch den römischen Ritter. Also üben tapfere, ehrenwerte Männer, die eine Kompanie geführt haben, das Richteramt aus, wie sie das auch früher getan haben. »Die sind nicht gemeint«, heißt es, »jeder, der einen militärischen Rang innehat, soll Richter werden können.« Selbst wenn ihr das Gesetz so formuliert, daß es die betrifft, die zu Pferde gedient haben, was ja als vornehmer gilt, selbst dann würdet ihr bei niemandem Anklang finden. Ein Richter muß nämlich sowohl vermögend[29] als auch eine Respektsperson sein. »Danach frage ich nicht, ich nehme als Richter sogar einfache Soldaten aus der Haubenlerchenlegion.[30] Anders können sich nämlich unsere Leute nicht sicher fühlen.« Das ist aber mehr Schimpf als Ehre für diejenigen, die ihr zum Richteramt beruft, ohne daß sie eine blasse Ahnung davon haben! Darauf läuft also euer Gesetz hinaus: In der dritten Dekurie sollen Leute als Richter tätig sein, die kein freies Urteil abzugeben wagen. O ihr Götter, da irren sich aber diejenigen, die sich dieses Gesetz ausgedacht haben, gewaltig! Denn je schmutziger einer ist, desto eifriger wird er sich durch strenge Urteile reinwaschen wollen und bestrebt sein, einer ehrenwerten Dekurie würdig zu erscheinen, keineswegs aber den Eindruck erwecken wollen, als habe man ihn zu Recht in eine verrufene gesteckt.

(21) Es wurde noch ein anderer Gesetzesantrag veröffentlicht[31]: Wegen Terror und Hochverrat Verurteilte sollten,

dem lex est an legum omnium dissolutio? Quis est enim hodie cuius intersit istam legem manere? Nemo reus est legibus illis, nemo quem futurum putemus. Armis enim gesta numquam profecto in iudicium vocabuntur. 'At res popularis.' Utinam quidem aliquid velletis esse populare! Omnes enim iam cives de rei publicae salute una et mente et voce consentiunt. Quae est igitur ista cupiditas legis eius ferendae quae turpitudinem summam habeat, gratiam nullam? Quid enim turpius quam qui maiestatem populi Romani minuerit per vim, eum damnatum iudicio ad eam ipsam vim reverti propter quam sit iure damnatus?
(22) Sed quid plura de lege disputo? Quasi vero id agatur ut quisquam provocet: id agitur, id fertur ne quis omnino umquam istis legibus reus fiat. Quis enim aut accusator tam amens reperietur qui reo condemnato obici se multitudini conductae velit, aut iudex qui reum damnare audeat, ut ipse ad operas mercennarias statim protrahatur? Non igitur provocatio ista lege datur, sed duae maxime salutares leges quaestionesque tolluntur. Quid est aliud hortari adulescentis ut turbulenti, ut seditiosi, ut perniciosi cives velint esse? Quam autem ad pestem furor tribunicius impelli non poterit his duabus quaestionibus de vi et maiestate sublatis? (23) Quid, quod obrogatur legibus Caesaris, quae iubent ei qui

wenn sie es wünschten, an das Volk appellieren können. Ist das überhaupt noch ein Gesetz oder nicht vielmehr die Auflösung aller Gesetze? Wer hat denn heutzutage ein Interesse daran, daß ein solches Gesetz besteht? Niemand ist nach jenen Gesetzen angeklagt, keiner wird es auch in der Zukunft werden, glaube ich. Was mit Waffengewalt verübt wurde, wird gewiß niemals vor Gericht verhandelt werden. »Aber das Volk hat ein Interesse daran.« Wenn ihr doch einmal etwas wolltet, was wirklich im Interesse des Volkes wäre! Die Bürger sind ja schon alle einmütig und einstimmig, was das Wohl des Gemeinwesens betrifft. Warum also dieser Übereifer, ein Gesetz zu erlassen, das nur Schimpf und Schande, aber keine Volksgunst bringt? Was ist denn schändlicher, als wenn jemand die Würde des römischen Volkes durch eine Gewalttat verletzt hat und nun nach seiner Verurteilung wieder zur Gewalt greift – deswegen hat man ihn ja von Rechts wegen verurteilt!

(22) Doch was soll ich noch weiter über dieses Gesetz diskutieren? Als ob es in Wahrheit darum ginge, daß jemand Berufung einlegen kann! Darum handelt es sich, dahin geht der Antrag, daß überhaupt niemals mehr jemand nach den besagten Gesetzen angeklagt werden soll. Denn wo würde sich ein Ankläger finden, der so von Sinnen ist, daß er sich nach der Verurteilung eines Angeklagten einem gedungenen Haufen ausliefert? Oder wo gäbe es einen Richter, der wagt, einen Angeklagten zu verurteilen, wenn er dann augenblicklich bezahlten Banden vorgeworfen würde? Dieses Gesetz bietet also keineswegs die Möglichkeit, Berufung einzulegen, es werden vielmehr zwei höchst heilsame Gesetze und Verfahren zunichte gemacht. Was bedeutet das denn anderes, als junge Leute zu ermutigen, unruhige, aufrührerische und schadenstiftende Bürger zu werden? Welch eine Katastrophe werden blindwütige Volkstribunen nicht noch heraufbeschwören können, wenn diese beiden Gerichtsverfahren über gewalttätige Umtriebe und Majestätsverbrechen aufgehoben worden sind? (23) Und steht dies denn nicht im

de vi itemque ei qui maiestatis damnatus sit aqua et igni interdici? quibus cum provocatio datur, nonne acta Caesaris rescinduntur? Quae quidem ego, patres conscripti, qui illa numquam probavi, tamen ita conservanda concordiae causa arbitratus sum ut non modo, quas vivus leges Caesar tulisset, infirmandas hoc tempore non putarem, sed ne illas quidem quas post mortem Caesaris prolatas esse et fixas videtis.

(24) De exsilio reducti a mortuo; civitas data non solum singulis sed nationibus et provinciis universis a mortuo; immunitatibus infinitis sublata vectigalia a mortuo. Ergo haec uno, verum optimo auctore domo prolata defendimus: eas leges quas ipse nobis inspectantibus recitavit, pronuntiavit, tulit, quibus latis gloriabatur eisque legibus rem publicam contineri putabat, de provinciis, de iudiciis, eas, inquam, Caesaris leges nos qui defendimus acta Caesaris evertendas putamus? (25) Ac de his tamen legibus quae promulgatae sunt saltem queri possumus: de eis quae iam latae dicuntur ne illud quidem licuit. Illae enim sine ulla promulgatione latae sunt ante quam scriptae. Quaero autem quid sit cur aut ego aut quisquam vestrum, patres conscripti, bonis tribunis plebi leges malas metuat. Paratos habemus qui intercedant; paratos qui rem publicam religione defendant: vacui metu esse debemus. 'Quas tu mihi' inquit 'intercessio-

Widerspruch zu den Gesetzen Caesars, die verfügen, daß den wegen Gewalttätigkeiten und Majestätsverbrechen Verurteilten Wasser und Feuer versagt sein soll?[32] Wenn man diesen Verbrechern die Berufung gestattet, werden dann nicht die Verordnungen Caesars null und nichtig? Ich habe sie zwar niemals gebilligt, Senatoren, war aber doch der Auffassung, daß man sie um der Erhaltung des inneren Friedens willen gelten lassen sollte. Und damit meine ich: Nicht nur die Gesetze aus Caesars Lebzeiten dürfen zum gegenwärtigen Zeitpunkt nicht ihre Kraft verlieren, sondern auch die, die nach Caesars Tod beantragt und öffentlich verkündet wurden.

(24) Ein Toter ließ Verbannte zurückkehren, ein Toter verlieh das Bürgerrecht nicht nur Einzelpersonen, sondern ganzen Völkern und Provinzen, ein Toter gewährte unbegrenzte Steuerfreiheit und brachte den Staat um seine Einnahmequellen. Dies alles, wofür nur ein einziger bürgte – aber natürlich der Allerbeste – und was aus dem Nachlaß ans Licht gebracht wurde, das halten wir also für gültig! Die Gesetze aber, die er selbst vor unseren Augen verlesen, verkündet und erlassen hat, auf deren Erlaß er stolz war im Glauben, daß sie den Bestand des Staates garantierten, über die Provinzen und das Gerichtswesen, diese Gesetze Caesars, sage ich, wollen wir zunichte machen, aber gleichzeitig die Nachlaßverordnungen Caesars verfechten? (25) Gegen die jetzt beantragten Gesetze können wir uns doch wenigstens ein Wort der Klage erlauben; bei den angeblich bereits in Kraft getretenen war nicht einmal das möglich. Sie sind nämlich ohne vorherige öffentliche Bekanntmachung eingebracht worden, bevor sie überhaupt schriftlich ausgefertigt waren. Ich frage aber, Senatoren, warum ich oder einer von euch schädliche Gesetze befürchten muß, da wir doch vortreffliche Volkstribunen haben. Wir haben Männer, die bereit sind, ihr Veto einzulegen, bereit, das Gemeinwesen durch Einspruch aufgrund religiöser Bedenken zu schützen[33]: Folglich brauchen wir gar keine Furcht zu hegen.

nes, quas religiones?' Eas scilicet quibus rei publicae salus continetur. 'Neglegimus ista et nimis antiqua ac stulta ducimus: forum saepietur; omnes claudentur aditus; armati in praesidiis multis locis conlocabuntur.' (26) Quid tum? quod ita erit gestum, id lex erit? et in aes incidi iubebitis, credo, illa legitima: CONSULES POPULUM IURE ROGAVERUNT – hocine a maioribus accepimus ius rogandi? – POPULUSQUE IURE SCIVIT. Qui populus? isne qui exclusus est? Quo iure? an eo quod vi et armis omne sublatum est? Atque haec dico de futuris, quod est amicorum ante dicere ea quae vitari possint: quae si facta non erunt, refelletur oratio mea. Loquor de legibus promulgatis, de quibus est integrum vobis, demonstro vitia: tollite! denuntio vim: arma removete!

(27) Irasci quidem vos mihi, Dolabella, pro re publica dicenti non oportebit. Quamquam te quidem id facturum non arbitror – novi facilitatem tuam – conlegam tuum aiunt in hac sua fortuna quae bona ipsi videtur – mihi, ne gravius quippiam dicam, avorum et avunculi sui consulatum si imitaretur, fortunatior videretur – sed eum iracundum audio esse factum. Video autem quam sit odiosum habere eundem iratum et armatum, cum tanta praesertim gladiorum sit impunitas: sed proponam ius, ut opinor, aequum, quod M. Antonium non arbitror repudiaturum. Ego, si quid in vitam

»Was redest du da von Einspruch, von religiösen Bedenken?«, sagt man. Ich meine solche, die das Wohl des Gemeinwesens garantieren. »Diesen völlig veralteten und albernen Formelkram lassen wir beiseite – das Forum wird abgesperrt, alle Zugänge verschlossen und an zahlreichen Punkten werden bewaffnete Posten aufgestellt.« (26) Und was dann? Was auf diese Weise zustandekommt, das soll ein Gesetz sein? Und ihr laßt dann wohl die übliche Gesetzesformel in Erz eingraben: »Die Konsuln haben in aller Form das Volk befragt« – so lautet ja wohl die Rechtsformel hinsichtlich der Befragung, die uns von den Vorfahren überliefert ist – »Und das Volk hat auf gesetzlichem Wege Beschluß gefaßt.« – Welches Volk? Etwa das ausgeschlossen wurde? Und auf welchem gesetzlichen Weg? Wohl auf dem, der von Waffengewalt gänzlich gesperrt war? Was ich hier sage, bezieht sich auf künftige Fälle, gehört es sich doch unter Freunden, im voraus auf vermeidbare Fehler hinzuweisen. Kommt es dann anders, so sind meine Worte widerlegt. Ich spreche von den Gesetzesanträgen, über die ihr noch frei entscheiden könnt; ich zeige ihre Fehler auf: Beseitigt sie! Ich prangere den Druck der Gewalt an: Weg mit den Waffen!

(27) Ihr dürft mir gegenüber nicht zornig werden, Dolabella; ich spreche ja im Interesse des Gemeinwohles. Du wirst es auch nicht werden, glaube ich, kenne ich doch deine umgängliche Art. Aber dein Kollege, sagt man, in seiner Lage, die er für glücklich hält – mir erschiene er – um mich nicht schärfer auszudrücken – glücklicher, wenn er sich das Konsulat seiner Großväter und seines Oheims[34] zum Vorbild nähme – also er sei in Zorn geraten, höre ich. Darüber bin ich mir durchaus im klaren: Man befindet sich in einer widrigen Lage, wenn man jemand gegen sich aufgebracht hat, der die Waffen sprechen läßt, zumal ja bewaffnete Delikte völlige Straffreiheit genießen. Aber ich will einen, so glaube ich, annehmbaren Vorschlag machen, den Marcus Antonius sicher nicht zurückweisen wird. Wenn ich mich

eius aut in mores cum contumelia dixero, quo minus mihi inimicissimus sit non recusabo; sin consuetudinem meam quam in re publica semper habui tenuero, id est si libere quae sentiam de re publica dixero, primum deprecor ne irascatur; deinde, si hoc non impetro, peto ut sic irascatur ut civi. Armis utatur, si ita necesse est, ut dicit, sui defendendi causa: eis qui pro re publica quae ipsis visa erunt dixerint ista arma ne noceant. Quid hac postulatione dici potest aequius? (28) Quod si, ut mihi a quibusdam eius familiaribus dictum est, omnis eum quae habetur contra voluntatem eius oratio graviter offendit, etiam si nulla inest contumelia, feremus amici naturam. Sed idem illi ita mecum loquuntur: 'non idem tibi adversario Caesaris licebit quod Pisoni socero,' et simul admonent quiddam quod cavebimus: 'nec erit iustior in senatum non veniendi morbi causa quam mortis.' (29) Sed per deos immortalis! – te enim intuens, Dolabella, qui es mihi carissimus, non possum de utriusque vestrum errore reticere. Credo enim vos nobilis homines magna quaedam spectantis non pecuniam, ut quidam nimis creduli suspicantur, quae semper ab amplissimo quoque clarissimoque contempta est, non opes violentas et populo Romano minime ferendam potentiam, sed caritatem civium et gloriam concupivisse. Est autem gloria laus recte factorum magnorumque

über seinen Lebenswandel oder über seinen Charakter in herabwürdigender Weise äußere, dann will ich es hinnehmen, daß er mein erbitterter Feind wird. Folge ich aber meiner Gewohnheit, die ich allzeit im Gemeinwesen geübt habe, nämlich frei herauszusagen, was ich über die politische Lage denke, dann bitte ich ihn hiermit zunächst in aller Form, nicht in Zorn zu geraten. Kann ich das nicht erreichen, so bitte ich ihn, er soll seinen Zorn wenigstens so an mir auslassen, wie es unter Mitbürgern vertretbar ist. Die Waffen mag er zu seiner eigenen Sicherheit einsetzen, wenn das wirklich notwendig ist, wie er behauptet. Wer aber nach seiner Überzeugung seine Meinung zugunsten des Gemeinwohles vertreten hat, dem dürfen diese Waffen keinen Schaden zufügen. Ist das kein annehmbarer Vorschlag? (28) Wenn ihn nun, wie mir einige seiner Anhänger versichert haben, jede Stellungnahme furchtbar aufregt, die von seinen eigenen Ansichten abweicht, auch wenn sie nichts Ehrenrühriges enthält – dann wollen wir das als Freunde hinnehmen und seinem Naturell zugute halten. Aber ebendiese Leute sagen mir: Du als Gegner Caesars darfst dir nicht das Gleiche herausnehmen wie Piso als sein Schwiegervater. Und sie geben mir zugleich einen Wink, den ich beherzigen werde: Es gibt neben Krankheit noch einen weiteren triftigen Grund, weshalb man nicht in den Senat kommen muß – den Tod. (29) Aber bei den unsterblichen Göttern – dir gilt mein Blick, Dolabella, du bist ja aufs engste mit mir verbunden[35] – ich kann nicht schweigen, wenn ich euch beide so auf dem Irrweg sehe. Ihr als Männer von nobler Herkunft, die sich hohe Ziele setzen, ihr wart, so glaube ich, doch nicht auf Geld aus, wie einige allzu Leichtgläubige vermuten, Geld, das doch gerade die bedeutendsten und angesehensten Männer stets verachtet haben. Ihr strebt auch nicht nach Macht und Gewalt und einer dem römischen Volk unerträglichen Despotie: Euch geht es doch um die Liebe eurer Mitbürger und den Ruhm! Ruhm aber ist die öffentliche Anerkennung rechter Taten und großer Verdienste um

in rem publicam fama meritorum, quae cum optimi cuiusque, tum etiam multitudinis testimonio comprobatur. (30) Dicerem, Dolabella, qui recte factorum fructus esset nisi te praeter ceteros paulisper esse expertum viderem. Quem potes recordari in vita inluxisse tibi diem laetiorem quam cum expiato foro, dissipato concursu impiorum, principibus sceleris poena adfectis, urbe incendio et caedis metu liberata te domum recepisti? Cuius ordinis, cuius generis, cuius denique fortunae studia tum laudi et gratulationi tuae se non obtulerunt? Quin mihi etiam, quo auctore te in his rebus uti arbitrabantur, et gratias boni viri agebant et tuo nomine gratulabantur. Recordare, quaeso, Dolabella, consensum illum theatri, cum omnes earum rerum obliti propter quas fuerant tibi offensi significarent se beneficio novo memoriam veteris doloris abiecisse. (31) Hanc tu, P. Dolabella, – magno loquor cum dolore – hanc tu, inquam, potuisti aequo animo tantam dignitatem deponere? Tu autem, M. Antoni, – absentem enim appello – unum illum diem quo in aede Telluris senatus fuit non omnibus his mensibus quibus te quidam multum a me dissentientes beatum putant anteponis? Quae fuit oratio de concordia! quanto metu senatus, quanta sollicitudine civitas tum a te liberata est cum conlegam tuum, depositis inimicitiis, oblitus auspiciorum a te ipso augure populi Romani nuntiatorum, illo primum die conlegam tibi esse voluisti; cum tuus parvus filius in Capitolium a te missus pacis obses fuit! (32) quo senatus die laetior, quo populus Romanus? qui quidem nulla in contione umquam frequentior fuit. Tum denique liberati per viros

den Staat, die durch das Zeugnis der Besten wie der Volksmenge bestätigt werden. (30) Ich würde näher ausführen, worin der Lohn für rechte Taten besteht, Dolabella, wenn ich nicht wüßte, daß du es kurze Zeit selbst deutlicher als andere erfahren hast. Kannst du dich an einen Tag in deinem Leben erinnern, der dir freudigeren Glanz brachte als dieser Tag[36]: Du hattest das Forum vom Frevel gereinigt, die Rotten der Verbrecher auseinandergetrieben, die Rädelsführer ihrer Strafe zugeführt, die Stadt von der Furcht vor Mord und Brand befreit und begabst dich nun nach Hause. Alle Klassen und Stände, Arm und Reich überhäuften dich mit Glück- und Segenswünschen. Ja sogar mir – galt ich doch als dein Ratgeber bei deinem Vorgehen – sprachen die guten Leute ihren Dank aus und beglückwünschten mich an deiner Stelle. Erinnere dich doch bitte daran, Dolabella, wie alle im Theater so einmütig waren, wie sie alles vergaßen, was sie früher gegen dich hatten. Sie zeigten ganz offen, daß deine jüngste gute Tat all ihren früheren Groll schwinden ließ. (31) Du konntest, Publius Dolabella – die Worte tun mir weh –, du konntest, sage ich, diese hohe Ehrenstellung ungerührt wieder aufgeben? Und du, Marcus Antonius – an dich wende ich mich, auch wenn du nicht hier bist! – stellst du nicht den einen Tag, an dem die Senatssitzung im Tempel der Tellus stattfand, über all die Monate seither, in denen du dich im Glück gefühlt hast, wie manche, ganz im Gegensatz zu mir, meinen? Was war das für eine Rede über die Eintracht! Von welcher Furcht hast du damals den Senat, von welcher Aufregung die Bürgerschaft befreit, als du deine Feindschaft gegen deinen Mitkonsul aufgabst. Du dachtest nicht mehr an die Auspizien, die du selbst als Augur dem römischen Volk gemeldet hattest,[37] du erklärtest ihn von jenem Tage an zu deinem Amtskollegen. Dein kleiner Sohn wurde aufs Kapitol geholt als Unterpfand des Friedens! (32) Wann war der Senat, wann das römische Volk so voller Freude, wann erschien es so zahlreich zur Versammlung wie an diesem Tage? Da erst kamen wir uns durch unsere

fortissimos videbamur, quia, ut illi voluerant, libertatem pax consequebatur. Proximo, altero, tertio, denique reliquis consecutis diebus non intermittebas quasi donum aliquod cotidie adferre rei publicae; maximum autem illud quod dictaturae nomen sustulisti. Haec inusta est a te, a te, inquam, mortuo Caesari nota ad ignominiam sempiternam. Ut enim propter unius M. Manli scelus decreto gentis Manliae neminem patricium Manlium Marcum vocari licet, sic tu propter unius dictatoris odium nomen dictatoris funditus sustulisti. (33) Num te, cum haec pro salute rei publicae tanta gessisses, fortunae tuae, num amplitudinis, num claritatis, num gloriae paenitebat? Unde igitur subito tanta ista mutatio? Non possum adduci ut suspicer te pecunia captum. Licet quod cuique libet loquatur, credere non est necesse. Nihil enim umquam in te sordidum, nihil humile cognovi. Quamquam solent domestici depravare non numquam; sed novi firmitatem tuam. Atque utinam ut culpam, sic etiam suspicionem vitare potuisses! Illud magis vereor ne ignorans verum iter gloriae gloriosum putes plus te unum posse quam omnis et metui a civibus tuis quam diligi malis. Quod si ita putas, totam ignoras viam gloriae. Carum esse civem, bene de re publica mereri, laudari, coli, diligi gloriosum est; metui vero et in odio esse invidiosum, detestabile, imbecillum, caducum. (34) Quod videmus etiam in fabula illi ipsi qui 'Oderint, dum metuant' dixerit perniciosum fuisse. Utinam, M. Antoni, avum tuum meminisses! de quo tamen audisti

tapferen Helden befreit vor, denn so wie sie es gewollt hatten, folgte auf die Befreiung der Friede. Den nächsten, übernächsten und den darauffolgenden Tag, kurz alle Tage danach ließest du nicht vorübergehen, ohne sozusagen täglich unserem Gemeinwesen ein Geschenk zu machen; das größte war die Tilgung des Namens »Diktatur«. Du, ja du, sage ich, hast damit dem toten Caesar ein Brandmal ewiger Schande aufgedrückt. Wegen des Verbrechens des einen Marcus Manlius[38] darf ja auf Beschluß der Manlier-Familie kein patrizischer Manlier mehr Marcus heißen. So hast du, weil der eine Diktator den Haß auf sich gezogen hat, den Diktatornamen gänzlich getilgt. (33) Als du damit so Großes zum Wohl des Staates vollbracht hast, konnte dich da deine Stellung auf den Höhen des Glückes und dein glänzender Ruhm reuen? Woher also dieser plötzliche Umschwung? Ich lasse mich nicht zu dem Argwohn verleiten, das Geld hätte dich vom rechten Wege abgebracht. Mag jeder reden, was er will, man braucht es ja nicht zu glauben. So wie ich dich kenne, hattest du nie etwas Schmutziges, etwas Gemeines an dir. Freilich verderben die Hausgenossen[39] bisweilen die guten Sitten, aber ich kenne doch deinen festen Charakter. Hättest du nur mit der Schuld auch den Verdacht zu vermeiden gewußt! Viel eher fürchte ich, du kennst den Weg zum wahren Ruhm nicht und hältst es daher für ruhmvoll, als einzelner über allen anderen zu stehen, und hast es lieber, daß deine Mitbürger dich fürchten, als daß sie dich lieben. Wenn das wirklich deine Meinung ist, dann bist du gänzlich blind für den Weg zum Ruhm. Bei den Mitbürgern beliebt zu sein, sich Verdienste um das Gemeinwohl zu erwerben, gelobt, geehrt und geliebt zu werden, das ist ruhmvoll. Wer aber gefürchtet und gehaßt wird, der erregt Anfeindung und Abscheu, wird schwach und kommt zu Fall. (34) Das sehen wir ja auch bei dem Mann im Theaterstück: Sein Wahlspruch: »Sie sollen mich ruhig hassen, wenn sie mich nur fürchten!«[40] wird ihm zum Verderben. Du würdest dich besser an deinen Großvater erinnern, Marcus Antonius!

multa ex me eaque saepissime. Putasne illum immortalitatem mereri voluisse, ut propter armorum habendorum licentiam metueretur? Illa erat vita, illa secunda fortuna, libertate esse parem ceteris, principem dignitate. Itaque, ut omittam res avi tui prosperas, acerbissimum eius supremum diem malim quam L. Cinnae dominatum, a quo ille crudelissime est interfectus.

(35) Sed quid oratione te flectam? Si enim exitus C. Caesaris efficere non potest ut malis carus esse quam metui, nihil cuiusquam proficiet nec valebit oratio. Quem qui beatum fuisse putant, miseri ipsi sunt. Beatus est nemo qui ea lege vivit ut non modo impune sed etiam cum summa interfectoris gloria interfici possit. Qua re flecte te, quaeso, et maiores tuos respice atque ita guberna rem publicam ut natum esse te cives tui gaudeant: sine quo nec beatus nec carus nec iucundus quisquam esse omnino potest. (36) Populi quidem Romani iudicia multa ambo habetis, quibus vos non satis moveri permoleste fero. Quid enim gladiatoribus clamores innumerabilium civium? quid populi versus? quid Pompei statuae plausus infiniti? quid duobus tribunis plebis qui vobis adversantur? parumne haec significant incredibiliter consentientem populi Romani universi voluntatem? Quid? Apollinarium ludorum plausus vel testimonia potius et iudicia populi Romani parum magna vobis videbantur? O beatos illos qui, cum adesse ipsis propter vim armorum non licebat,

Über ihn hast du doch von mir des öfteren allerhand hören können.[41] Glaubst du, er hätte sich unsterblichen Ruhm verdienen wollen, indem er wegen bewaffneter Willkürakte gefürchtet wurde? Leben und Glück bestanden für ihn darin, an Freiheit allen anderen gleich, an Ansehen aber der erste zu sein. Daher gilt für mich – um die glücklichen Ereignisse im Leben deines Großvaters einmal beiseite zu lassen – sein ungemein bitteres Lebensende mehr als die Gewaltherrschaft des Lucius Cinna, der ihn so grausam ermorden ließ.

(35) Aber wie soll ich dich mit Worten auf den rechten Weg bringen? Wenn dich nämlich nicht einmal das Ende Julius Caesars dazu bewegen kann, daß du eher geliebt als gefürchtet werden willst, dann wird eine Rede – von wem auch immer – niemals etwas nützen oder ausrichten können. Wer meint, Caesar sei glücklich gewesen, der ist selbst zu bedauern. Glücklich ist niemand, der so lebt, daß man ihn nicht nur ungestraft ermorden, ja sogar als sein Mörder höchsten Ruhm gewinnen kann. Deshalb rufe ich dich zur Umkehr auf: Richte den Blick auf deine Vorfahren und lenke das Gemeinwesen so, daß deine Mitbürger sich freuen, daß du auf der Welt bist. Anders kann man niemals glücklich, geschätzt und beliebt sein.[42] (36) Das römische Volk hat öfters über euch beide sein Urteil abgegeben. Es tut mir in der Seele leid, daß ihr davon nicht genügend beeindruckt seid. Wie steht es denn mit den Zurufen zahlloser Bürger bei den Gladiatorenspielen? Und die Spottverse des Volkes? Der Applaus, der gar kein Ende nehmen wollte, für die Statue des Pompeius, und für die beiden Volkstribunen, die euch Widerpart bieten.[43] Zeigt das alles nicht deutlich genug, wie unglaublich einmütig das gesamte römische Volk gesinnt ist? Und weiter: Die Beifallskundgebungen bei den Apollinarspielen,[44] man könnte sie treffender als Zeugnis- und Urteilsbekundung des römischen Volkes bezeichnen – erschienen sie euch nicht bedeutsam genug? Glücklich die Männer, denen es zwar bewaffneter Druck nicht gestattete,

aderant tamen et in medullis populi Romani ac visceribus haerebant! Nisi forte Accio tum plaudi et sexagesimo post anno palmam dari, non Bruto putabatis, qui ludis suis ita caruit ut in illo apparatissimo spectaculo studium populus Romanus tribueret absenti, desiderium liberatoris sui perpetuo plausu et clamore leniret. (37) Equidem is sum qui istos plausus, cum popularibus civibus tribuerentur, semper contempserim; idemque cum a summis, mediis, infimis, cum denique ab universis hoc idem fit, cumque ei qui ante sequi populi consensum solebant fugiunt, non plausum illum, sed iudicium puto. Sin haec leviora vobis videntur quae sunt gravissima, num etiam hoc contemnitis quod sensistis tam caram populo Romano vitam A. Hirti fuisse? Satis erat enim probatum illum esse populo Romano, ut est; iucundum amicis, in quo vincit omnis; carum suis, quibus est ipse carissimus: tantam tamen sollicitudinem bonorum, tantum timorem omnium in quo meminimus? Certe in nullo. (38) Quid igitur? hoc vos, per deos immortalis! quale sit non interpretamini? Quid? eos de vestra vita cogitare non censetis quibus eorum quos sperant rei publicae consulturos vita tam cara sit?

Cepi fructum, patres conscripti, reversionis meae, quoniam

selbst dabei zu sein – sie waren dennoch zugegen: Das römische Volk trug sie tief in seinem innersten Herzen! Oder meint ihr, der Beifall habe dem Accius gegolten, der da nach 60 Jahren den Siegespreis erhielt?[45] Oder war nicht vielmehr Brutus gemeint, der bei seinen eigenen Spielen nicht dabei sein konnte? Dafür bewies ihm das römische Volk bei diesen glänzend ausgestatteten Aufführungen trotz seiner Abwesenheit, wie sehr es an ihm hängt. Die Sehnsucht nach seinem Befreier suchte es in beständigem Klatschen und Beifallsrufen zu lindern. (37) Ich für meine Person habe solche Beifallskundgebungen immer geringgeschätzt, wenn sie Männern galten, die dem Volk nach dem Munde redeten. Kommt etwas dergleichen jedoch von Hoch und Nieder und aus der Mitte, kurz von der gesamten Bevölkerung, und geraten dabei diejenigen ins Hintertreffen, die bisher auf den Wogen der Volksgunst segelten, dann sehe ich das nicht als Beifall, sondern als Vertrauenskundgebung an. Falls euch das zu unbedeutend erscheint – es ist aber durchaus von Bedeutung! – schätzt ihr dann auch das gering, was ihr selbst feststellen konntet: wie sehr nämlich dem römischen Volk das Leben des Aulus Hirtius am Herzen lag?[46] Das wäre ja schon genug der Ehre für ihn gewesen: beim Volk wohl gelitten zu sein – so ist es auch wirklich der Fall –, beliebt bei seinen Freunden – er steht an erster Stelle bei ihnen –, den Seinen teuer – er ist ihnen in der Tat das Teuerste. Aber eine solche Besorgnis von seiten aller dem Gemeinwesen Wohlgesinnten, solche Beunruhigung in der gesamten Bevölkerung – bei wem haben wir das je erlebt, soweit wir uns erinnern können? Sicher bei keinem sonst. (38) Also? Bei den unsterblichen Göttern – wollt ihr euch keinen Reim darauf machen, was das zu bedeuten hat? Meint ihr, das Volk mache sich keine Gedanken über euer Leben, wenn es solchen Wert auf das Leben der Männer legt, von denen es den Schutz des Gemeinwesens erwartet?

Ich habe die Früchte dafür geerntet, Senatoren, daß ich

et ea dixi, ut quicumque casus consecutus esset, exstaret constantiae meae testimonium, et sum a vobis benigne ac diligenter auditus. Quae potestas si mihi saepius sine meo vestroque periculo fiet, utar: si minus, quantum potero, non tam mihi me quam rei publicae reservabo. Mihi fere satis est quod vixi vel ad aetatem vel ad gloriam: huc si quid accesserit, non tam mihi quam vobis reique publicae accesserit.

wieder zurückgekehrt bin: Einmal habe ich mich so ausgesprochen, daß ich nun ein Zeugnis meiner festen Haltung hinterlasse, was auch immer kommen mag. Außerdem habt ihr mich wohlwollend und aufmerksam angehört. Wenn ich noch öfter eine solche Gelegenheit erhalte, ohne mich oder euch dadurch einer Gefahr auszusetzen, dann will ich sie nutzen. Andernfalls werde ich mich, soweit es in meinen Kräften steht, zu erhalten suchen, nicht so sehr in meinem eigenen Interesse, als für das Gemeinwesen. Was mich betrifft, so reicht mir eigentlich mein bisheriges Leben, an Dauer sowohl wie auch an Ruhm. Kommt noch etwas hinzu, so soll es euch und dem Gemeinwesen eher als mir selber zugute kommen.

M. Tulli Ciceronis
in M. Antonium
oratio Philippica secunda

M. Tullius Ciceros
zweite Philippische Rede
gegen M. Antonius

(1) Quonam meo fato, patres conscripti, fieri dicam ut nemo his annis viginti rei publicae fuerit hostis qui non bellum eodem tempore mihi quoque indixerit? Nec vero necesse est quemquam a me nominari: vobiscum ipsi recordamini. Mihi poenarum illi plus quam optarem dederunt: te miror, Antoni, quorum facta imitere, eorum exitus non perhorrescere. Atque hoc in aliis minus mirabar. Nemo enim illorum inimicus mihi fuit voluntarius: omnes a me rei publicae causa lacessiti. Tu ne verbo quidem violatus, ut audacior quam Catilina, furiosior quam Clodius viderere, ultro me maledictis lacessisti, tuamque a me alienationem commendationem tibi ad impios civis fore putavisti. (2) Quid putem? contemptumne me? Non video nec in vita nec in gratia nec in rebus gestis nec in hac mea mediocritate ingeni quid despicere possit Antonius. An in senatu facillime de me detrahi posse credidit? qui ordo clarissimis civibus bene gestae rei publicae testimonium multis, mihi uni conservatae dedit. An decertare mecum voluit contentione dicendi? Hoc quidem est beneficium. Quid enim plenius, quid uberius quam mihi et pro me et contra Antonium dicere? Illud profecto: non existimavit sui similibus probari posse se esse hostem patriae, nisi mihi esset inimicus. (3) Cui prius quam de ceteris rebus respondeo, de amicitia quam a me violatam esse criminatus est, quod ego gravissimum crimen iudico, pauca dicam.

(1) Ich muß es wohl meinem Schicksal zuschreiben, Senatoren, daß in den letzten zwanzig Jahren niemand gegen den Staat die Waffen erhoben hat, der nicht zugleich auch mir den Krieg erklärte. Ich brauche keine Namen zu nennen; ihr erinnert euch selbst. Sie haben es härter gebüßt, als es meinem Willen entsprach[1]: Ich wundere mich, Antonius, daß du ihre Taten nachahmst und dich nicht von ihrem Ende abschrecken läßt. Bei den anderen überraschte mich das freilich weniger. Von ihnen war keiner willentlich mein persönlicher Gegner; ich hatte sie alle bei meinem Eintreten für das Gemeinwesen herausgefordert. Dich habe ich nicht einmal mit einem Wort beleidigt, daß du dich nun verwegener als Catilina und wütender als Clodius gebärdest. Ohne Grund hast du mich durch Schmähungen gereizt; du glaubtest wohl, du könntest dich mit deinem unfreundlichen Verhalten mir gegenüber bei den nichtswürdigen Elementen in der Bürgerschaft beliebt machen. (2) Was soll ich nun glauben? Daß ich in deinen Augen verächtlich bin? Ich finde weder in meiner Lebensführung, noch in meinem persönlichen Ansehen, meinen Leistungen oder meinen bescheidenen Geistesgaben irgend etwas, auf das ein Antonius herabblicken könnte. Oder hat er geglaubt, man könne mich am ehesten im Senat verunglimpfen? Dabei hat gerade dieses Gremium vielen hervorragenden Bürgern ihre Verdienste um den Staat bestätigt, mir aber als einzigem zuerkannt, daß ich den Staat gerettet habe.[2] Oder wollte er sich mit mir in einen Redestreit einlassen? In diesem Falle bin ich im Vorteil. Denn wo fände ich reicheren und ergiebigeren Stoff, als wenn ich für mich und gegen Antonius zu sprechen habe? Es wird schon so sein: Er kann sich seinen Gesinnungsgenossen gegenüber nicht glaubhaft als Vaterlandsfeind darstellen, wenn er nicht zugleich auch mein Gegner ist. (3) Bevor ich ihm nun auf die übrigen Punkte antworte, will ich kurz einiges sagen über die Freundschaft, die ich seiner Anklage zufolge verletzt habe. Das ist in meinen Augen ja ein äußerst schwerwiegender Vorwurf.

Contra rem suam me nescio quando venisse questus est. An ego non venirem contra alienum pro familiari et necessario, non venirem contra gratiam non virtutis spe, sed aetatis flore conlectam, non venirem contra iniuriam quam iste intercessoris iniquissimi beneficio obtinuit, non iure praetorio? Sed hoc idcirco commemoratum a te puto ut te infimo ordini commendares, cum omnes te recordarentur libertini generum et liberos tuos nepotes Q. Fadi, libertini hominis, fuisse. At enim te in disciplinam meam tradideras – nam ita dixisti – domum meam ventitaras. Ne tu, si id fecisses, melius famae, melius pudicitiae tuae consuluisses. Sed neque fecisti nec, si cuperes, tibi id per C. Curionem facere licuisset. (4) Auguratus petitionem mihi te concessisse dixisti. O incredibilem audaciam, o impudentiam praedicandam! Quo enim tempore me augurem a toto conlegio expetitum Cn. Pompeius et Q. Hortensius nominaverunt – nec enim licebat a pluribus nominari – tu nec solvendo eras nec te ullo modo nisi eversa re publica incolumem fore putabas. Poteras autem eo tempore auguratum petere cum in Italia Curio non esset, aut tum cum es factus unam tribum sine Curione ferre potuisses? cuius etiam familiares de vi condemnati sunt, quod tui nimis studiosi fuissent.

Ich wäre vor Gericht irgendwann einmal gegen seine Interessen aufgetreten, beklagt er sich. Aber hätte ich denn nicht gegen einen mir ganz fremden Menschen zugunsten eines mir eng verbundenen Freundes[3] auftreten dürfen? Durfte ich nicht auftreten gegen eine Begünstigung, die nicht durch die Aussicht auf tüchtige Leistungen, sondern durch den Genuß der Jugendblüte zustande gekommen war? Ich sollte nicht auftreten gegen ein Unrecht, das dieser Kerl nur aufgrund der Gefälligkeit eines Schuftes durchsetzte, der sein Veto einlegte, nicht aufgrund eines Richterspruchs des Prätors? Aber das hast du wohl nur deshalb erwähnt, um dich bei den untersten Schichten beliebt zu machen. Alle mußten sich ja dabei erinnern, daß du der Schwiegersohn eines Freigelassenen gewesen bist und deine Kinder die Enkel des Quintus Fadius, eines Freigelassenen. Aber du bist in meine Schule gegangen – das hast du ja behauptet – bist angeblich häufig in mein Haus gekommen. Ja, hättest du das nur getan, dann hättest du besser für deinen Ruf und deinen Anstand gesorgt. Aber du tatest es nicht, und selbst wenn dir der Sinn danach gestanden hätte, so wäre es dir von Gaius Curio[4] nicht erlaubt worden. (4) Von der Bewerbung um das Augurenamt seiest du meinetwegen zurückgetreten. Eine solche Behauptung ist eine unglaubliche Frechheit, eine bemerkenswerte Unverschämtheit! Zu der Zeit, als mich das gesamte Kollegium als Augur wünschte und Gnaeus Pompeius und Quintus Hortensius[5] mich nominierten – von mehr als zwei Personen durfte man ja nicht nominiert werden – zu der Zeit warst du nicht zahlungsfähig und glaubtest, du könntest dem Bankrott nur entgehen, wenn der Staat dafür zugrunde gerichtet würde. Konntest du dich überhaupt zu einem Zeitpunkt um das Augurat bewerben, als Curio nicht in Italien war? Oder hättest du dann, als du Augur wurdest, ohne Curios Hilfe auch nur einen einzigen Stimmbezirk für dich gewinnen können? Seine Freunde wurden ja sogar wegen gewalttätiger Umtriebe verurteilt, weil sie sich gar zu sehr für dich eingesetzt hatten.

(5) At beneficio sum tuo usus. Quo? Quamquam illud ipsum quod commemoras semper prae me tuli: malui me tibi debere confiteri quam cuiquam minus prudenti non satis gratus videri. Sed quo beneficio? quod me Brundisi non occideris? Quem ipse victor qui tibi, ut tute gloriari solebas, detulerat ex latronibus suis principatum, salvum esse voluisset, in Italiam ire iussisset, eum tu occideres? Fac potuisse. Quod est aliud, patres conscripti, beneficium latronum nisi ut commemorare possint eis se dedisse vitam quibus non ademerint? Quod si esset beneficium, numquam qui illum interfecerunt a quo erant conservati, quos tu ipse clarissimos viros soles appellare, tantam essent gloriam consecuti. Quale autem beneficium est quod te abstinueris nefario scelere? Qua in re non tam iucundum mihi videri debuit non interfectum me a te quam miserum te id impune facere potuisse.

(6) Sed sit beneficium, quando quidem maius accipi a latrone nullum potuit: in quo potes me dicere ingratum? An de interitu rei publicae queri non debui, ne in te ingratus viderer? At in illa querela misera quidem et luctuosa, sed mihi pro hoc gradu in quo me senatus populusque Romanus conlocavit necessaria, quid est dictum a me cum contumelia, quid non moderate, quid non amice? Quod quidem cuius temperantiae fuit, de M. Antonio querentem abstinere maledicto, praesertim cum tu reliquias rei publicae dissipavisses,

(5) Aber ich soll eine Wohltat von dir erhalten haben. Was denn für eine? Freilich habe ich das, was du da vorbringst, niemals in Abrede gestellt. Lieber wollte ich zugeben, in deiner Schuld zu stehen, als in den Augen irgendeines Ahnungslosen als undankbar zu erscheinen. Aber was für eine Wohltat war das denn nun? Daß du mich in Brundisium nicht umgebracht hast?[6] Der Sieger selbst, der dir, wie du immer geprahlt hast, den obersten Posten unter seinen Raubgenossen übertragen hatte, er selbst hatte gewünscht, daß ich unversehrt bleiben solle, er hatte mich geheißen, nach Italien zu gehen, und da wolltest du mich umbringen? Gesetzt den Fall, du hättest es tun können. Was können Räuber sonst für eine Wohltat erweisen, Senatoren: höchstens daß sie sagen können, sie hätten all denen das Leben geschenkt, denen sie es nicht genommen haben! Wäre das eine Wohltat, so hätten die Männer, die du selbst berühmte Helden zu nennen pflegst, niemals solch großen Ruhm erwerben können. Haben sie doch den getötet, der sie verschont hatte. Was ist das aber nun für eine Wohltat, daß du darauf verzichtet hast, ein gottloses Verbrechen zu begehen? Unter diesen Umständen muß ich es wohl weniger erfreulich finden, daß du mich nicht umgebracht hast. Eher muß ich es bedauern, daß du offenbar eine solche Tat straflos hättest verüben können.

(6) Aber soll es immerhin eine Wohltat sein; man kann ja von einem Räuber keine größere erhalten. Inwiefern kannst du mich aber nun undankbar nennen? Durfte ich den Untergang des Gemeinwesens nicht beklagen, nur damit ich dir gegenüber nicht undankbar erschien? Und bei dieser Klage – gewiß voll traurigen Bedauerns, aber unerläßlich für mich angesichts der Stellung, zu der mich der Senat und das römische Volk erhoben haben – was habe ich da Beleidigendes gesagt? War nicht alles in gemäßigtem, freundschaftlichem Ton gehalten? Dazu brauchte man schon allerhand Mäßigung, um gegen einen Marcus Antonius Klage zu führen, gleichzeitig aber auf herabsetzende Äußerungen zu

cum domi tuae turpissimo mercatu omnia essent venalia, cum leges eas quae numquam promulgatae essent et de te et a te latas confiterere, cum auspicia augur, intercessionem consul sustulisses, cum esses foedissime stipatus armatis, cum omnis impuritates impudica in domo cotidie susciperes vino lustrisque confectus. (7) At ego, tamquam mihi cum M. Crasso contentio esset, quocum multae et magnae fuerunt, non cum uno gladiatore nequissimo, de re publica graviter querens de homine nihil dixi. Itaque hodie perficiam ut intellegat quantum a me beneficium tum acceperit.
At etiam litteras, quas me sibi misisse diceret, recitavit homo et humanitatis expers et vitae communis ignarus. Quis enim umquam qui paulum modo bonorum consuetudinem nosset, litteras ad se ab amico missas offensione aliqua interposita in medium protulit palamque recitavit? Quid est aliud tollere ex vita vitae societatem, tollere amicorum conloquia absentium? Quam multa ioca solent esse in epistulis quae, prolata si sint, inepta videantur, quam multa seria neque tamen ullo modo divolganda! (8) Sit hoc inhumanitatis: stultitiam incredibilem videte. Quid habes quod mihi opponas, homo diserte, ut Mustelae tamen Seio et Tironi Numisio videris? Qui cum hoc ipso tempore stent cum gladiis in

verzichten. Immerhin hattest du ja die Reste des Staatsschatzes verschleudert. In deinem Hause war bei deinen schändlichen Schwarzmarktgeschäften alles für Geld zu haben. Gesetze, die niemals der Öffentlichkeit vorgelegt worden waren, sind, wie du selber zugibst, zu deinen Gunsten und durch dich für rechtsgültig erklärt worden.[7] Als Augur hattest du die Auspizien, als Konsul das Recht der Interzession aufgehoben.[8] Dabei ließest du dich – ein schändlicher Anblick – von Bewaffneten umgeben, und in deiner heimischen Lasterhöhle hast du Tag für Tag alle möglichen Schandtaten ausgeheckt und dich ruiniert durch den Besuch von Kneipen und Bordellen. (7) Aber ich habe mich so verhalten, als hätte ich es mit Marcus Crassus zu tun,[9] mit dem ich so manchen entscheidenden Redestreit ausgetragen habe, und nicht mit einem ganz gemeinen Messerhelden. Das heißt, ich habe bittere Klage geführt über die Lage des Staates, die Person aber dabei völlig aus dem Spiel gelassen. Daher soll er heute merken, welch eine große Wohltat er damals von mir erhalten hat.

Aber sogar einen Brief,[10] den ich ihm geschickt haben soll, hat dieser Mensch ohne Lebensart und Umgangsformen in der Öffentlichkeit vorgelesen. Wer wird denn, wenn er auch nur ein wenig mit dem Benehmen besserer Kreise vertraut ist, bei einer Streitigkeit den Brief eines Freundes an die Öffentlichkeit bringen und jedermann vorlesen! Das heißt doch, das Band zu zerreißen, das uns mit der Gesellschaft verbindet, und den Faden des Gesprächs mit abwesenden Freunden abschneiden. Wieviel ist doch in Briefen in scherzhaft-leichtem Plauderton gehalten, was einfach albern wirkt, wenn man es öffentlich vorliest! Und wieviel ernsthafte Themen gibt es, die man doch keinesfalls öffentlich breittreten sollte! (8) Nun, das mag ein Mangel an gutem Benehmen sein; aber seht doch nur, was für eine unglaubliche Dummheit das ist: Was könntest du mir entgegenhalten, du Muster an Beredsamkeit – so kommst du ja wenigstens Leuten wie Mustela Seius und Tiro Numisius vor! Die stehen ja gerade

conspectu senatus, ego quoque te disertum putabo, si ostenderis quo modo sis eos inter sicarios defensurus. Sed quid opponas tandem, si negem me umquam ad te istas litteras misisse? Quo me teste convincas? An chirographo? in quo habes scientiam quaestuosam. Qui possis? sunt enim librari manu. Iam invideo magistro tuo, qui te tanta mercede quantam iam proferam nihil sapere doceat. (9) Quid enim est minus non dico oratoris, sed hominis quam id obicere adversario quod ille si verbo negarit longius progredi non possit qui obiecerit? At ego non nego, teque in isto ipso convinco non inhumanitatis solum sed etiam amentiae. Quod enim verbum in istis litteris est non plenum humanitatis, offici, benevolentiae? Omne autem crimen tuum est quod de te in his litteris non male existimem, quod scribam tamquam ad civem, tamquam ad bonum virum, non tamquam ad sceleratum et latronem. At ego tuas litteras, etsi iure poteram a te lacessitus, tamen non proferam: quibus petis ut tibi per me liceat quendam de exsilio reducere, adiurasque id te invito me non esse facturum; idque a me impetras. Quid enim me interponerem audaciae tuae, quam neque auctoritas huius ordinis neque existimatio populi Romani neque leges ullae possent coercere? (10) Verum tamen quid erat quod me rogares, si erat is de quo rogabas

in diesem Augenblick mit Schwertern bewaffnet hier vor den Augen des Senats, und selbst ich werde dich für einen Redner halten, wenn du mir beweist, wie du diese Leute als Meuchelmörder verteidigen willst.[11] Aber was könntest du denn eigentlich gegen mich vorbringen, wenn ich leugnen wollte, dir jemals diesen Brief geschickt zu haben? Durch wessen Zeugnis könntest du mich überführen? Etwa durch die Handschrift? Darin kennst du dich ja aus, sehr zu deinem Nutzen.[12] Wie willst du es aber machen? Es ist die Handschrift eines Schreibers. Ich beneide wahrhaftig deinen Lehrer, der dir für teures Geld – ich komme noch darauf, wieviel es ist – beibringt, von nichts etwas zu wissen. (9) Das ist doch nicht nur für einen Redner, sondern für jedermann ein Armutszeugnis, einem Gegner einen Vorwurf zu machen, den man nicht länger aufrechterhalten kann, wenn der andere nur mit einem Wort leugnet. Aber ich leugne gar nicht, sondern überführe dich gerade dadurch deines Mangels an Lebensart wie auch deiner Unvernunft. Ist denn in diesem Brief auch nur ein Wort zu finden, das nicht von Freundlichkeit, Verbindlichkeit und Wohlwollen zeugt? Dein ganzer Vorwurf aber besteht darin, daß ich in diesem Brief nicht schlecht von dir spreche, daß ich an dich schreibe wie an einen Mitbürger, an einen Ehrenmann, und nicht wie an einen Verbrecher und Banditen. Ich werde nun deinen Brief nicht vorlesen, obwohl ich es mit Recht tun könnte, du hast mich ja herausgefordert. In diesem Brief bittest du mich, ich möge meine Erlaubnis dazu geben, daß du jemanden aus der Verbannung zurückberufst. Du versicherst dabei in aller Form, du würdest es ohne meine Einwilligung nicht tun. Die hast du von mir erhalten. Wie hätte ich mich auch deiner Unverfrorenheit entgegenstellen sollen? Dich konnten ja weder die Autorität dieses Gremiums noch die Meinung des römischen Volkes oder irgendwelche Gesetze in Schranken halten. (10) Doch warum mußtest du mich eigentlich bitten, wenn der Betreffende, dem deine Bitte galt, nach Caesars Gesetz bereits unter die Amnestie gefallen

Caesaris lege reductus? Sed videlicet meam gratiam voluit esse, in quo ne ipsius quidem ulla esse poterat lege lata. Sed cum mihi, patres conscripti, et pro me aliquid et in M. Antonium multa dicenda sint, alterum peto a vobis ut me pro me dicentem benigne, alterum ipse efficiam ut, contra illum cum dicam, attente audiatis. Simul illud oro: si meam cum in omni vita tum in dicendo moderationem modestiamque cognostis, ne me hodie, cum isti, ut provocavit, respondero, oblitum esse putetis mei. Non tractabo ut consulem: ne ille quidem me ut consularem. Etsi ille nullo modo consul, vel quod ita vivit vel quod ita rem publicam gerit vel quod ita factus est; ego sine ulla controversia consularis. (11) Ut igitur intellegeretis qualem ipse se consulem profiteretur, obiecit mihi consulatum meum. Qui consulatus verbo meus, patres conscripti, re vester fuit. Quid enim ego constitui, quid gessi, quid egi nisi ex huius ordinis consilio, auctoritate, sententia? Haec tu homo sapiens, non solum eloquens, apud eos quorum consilio sapientiaque gesta sunt ausus es vituperare? Quis autem meum consulatum praeter te et P. Clodium qui vituperaret inventus est? cuius quidem tibi fatum, sicuti C. Curioni, manet, quoniam id domi tuae est quod fuit illorum utrique fatale.

(12) Non placet M. Antonio consulatus meus. At placuit P. Servilio, ut eum primum nominem ex illius temporis consularibus qui proxime est mortuus; placuit Q. Catulo, cuius

war? Aber freilich, er wollte das gute Einvernehmen mit mir dokumentieren. Dabei war auf seiner Seite gar keines vorhanden, denn das Gesetz war schon längst erlassen.

Ich muß nun einiges zu meinen Gunsten und vieles zu Ungunsten des Marcus Antonius äußern, Senatoren, und da bitte ich euch zunächst, mich bei meiner Rechtfertigung wohlwollend anzuhören. Für den anderen Fall werde ich schon selbst sorgen, nämlich daß ihr aufmerksam zuhört, wenn ich mich gegen Antonius äußere. Zugleich habe ich noch folgende Bitte: Ihr kennt ja wohl meine Mäßigung und Zurückhaltung im Leben überhaupt wie auch beim Reden. Nun sollt ihr nicht glauben, ich hätte mich heute selbst vergessen, wenn ich ihm seiner Herausforderung entsprechend antworte. Ich werde nicht mit ihm umgehen wie mit einem Konsul; er behandelt mich ja auch nicht als Konsular. Freilich ist er auch überhaupt kein Konsul, wenn man bedenkt, was er für ein Leben führt, wie er die Staatsgeschäfte handhabt und wie er überhaupt Konsul geworden ist. Ich aber bin ganz ohne Widerspruch Konsular. (11) Um euch also begreiflich zu machen, wie er sich selbst als Konsul versteht, hat er mir mein Konsulat vorgehalten. Dieses Konsulat war nur dem Namen nach das meine, in Wirklichkeit aber war es das eure, Senatoren. Habe ich etwas beschlossen, unternommen, ausgeführt, ohne euren Rat, eure Empfehlung und eure Stimme?[13] Das hast du, klug wie du bist, gar nicht zu reden von deiner Wortgewandtheit, vor den Männern zu tadeln gewagt, auf deren weisen Ratschluß hin alles ausgeführt wurde? Wen gab es denn, der mein Konsulat getadelt hätte – außer dir und Publius Clodius? Dessen Schicksal wird auch dir zuteil werden, so gut wie dem Gaius Curio, denn dein Haus beherbergt ja nun, was für sie beide zum Verhängnis wurde.[14]

(12) Marcus Antonius gefällt also mein Konsulat nicht? Aber Publius Servilius hat es gefallen: Ihn, der erst kürzlich von uns gegangen ist, will ich als ersten von den Konsularen aus der damaligen Zeit nennen. Es hat Quintus Catulus gefallen,

semper in hac re publica vivet auctoritas; placuit duobus Lucullis, M. Crasso, Q. Hortensio, C. Curioni, C. Pisoni, M'. Glabrioni, M'. Lepido, L. Volcatio, C. Figulo, D. Silano, L. Murenae, qui tum erant consules designati; placuit idem quod consularibus M. Catoni, qui cum multa vita excedens providit, tum quod te consulem non vidit. Maxime vero consulatum meum Cn. Pompeius probavit qui, ut me primum decedens ex Syria vidit, complexus et gratulans meo beneficio patriam se visurum esse dixit. Sed quid singulos commemoro? Frequentissimo senatui sic placuit ut esset nemo qui mihi non ut parenti gratias ageret, qui mihi non vitam suam, fortunas, liberos, rem publicam referret acceptam. (13) Sed quoniam illis quos nominavi tot et talibus viris res publica orbata est, veniamus ad vivos qui duo de consularium numero reliqui sunt. L. Cotta, vir summo ingenio summaque prudentia, rebus eis gestis quas tu reprehendis supplicationem decrevit verbis amplissimis, eique illi ipsi quos modo nominavi consulares senatusque cunctus adsensus est; qui honos post conditam hanc urbem habitus est togato ante me nemini. (14) L. Caesar, avunculus tuus, qua oratione, qua constantia, qua gravitate sententiam dixit in sororis suae virum, vitricum tuum! Hunc tu cum auctorem et praeceptorem omnium consiliorum totiusque vitae debuisses habere, vitrici te similem quam avunculi maluisti. Huius ego alienus consiliis consul usus sum: tu, sororis

dessen Ansehen in unserem Gemeinwesen immer weiterleben wird. Es gefiel auch den beiden Luculli, Marcus Crassus, Quintus Hortensius, Gaius Curio, Gaius Piso, Manius Glabrio, Manius Lepidus, Lucius Volcatius, Gaius Figulus, Decimus Silanus, Lucius Murena – die letzteren waren damals designierte Konsuln. Ebenso wie den Konsularen gefiel es auch dem Marcus Cato.[15] Indem er freiwillig aus dem Leben schied, ersparte er sich vieles, vor allem, dich als Konsul zu erleben. Besonders nachdrücklich erklärte sich Gnaeus Pompeius[16] mit meinem Konsulat einverstanden. Als er aus Syrien zurückkehrte, umarmte er mich beim ersten Wiedersehen und gratulierte mir. Er erklärte dabei, mir sei es zu verdanken, daß er sein Vaterland wiedersehen könne. Doch was soll ich einzelne Personen nennen? Die Meinung des vollzählig versammelten Senats ging dahin, daß jeder mir wie einem Vater Dank abstattete, daß jeder es nur mir zuschrieb, daß ihm Leben, Hab und Gut, Kinder, ja das Gemeinwesen erhalten geblieben sei. (13) Aber diese zahlreichen hervorragenden Männer, die ich genannt habe, muß unser Staat entbehren. Kommen wir daher zu den Lebenden, von denen noch zwei aus der Zahl der Konsulare übrig sind. Lucius Cotta[17], ein Mann von höchster Begabung und größter Einsicht, hat wegen dieser meiner Taten, die du tadelst, mit höchst ehrenvollen Worten ein Dankfest beantragt. Ihm haben die genannten Konsulare und der gesamte Senat zugestimmt. Eine solche Ehre ist seit Gründung der Stadt vor mir noch niemals einem römischen Bürger im Zivilrang zuteil geworden. (14) Und Lucius Caesar, dein Oheim – was hat er für eine Rede gehalten, wie entschieden und nachdrücklich sprach er sich gegen den Mann seiner Schwester, deinen Stiefvater, aus.[18] Ihn hättest du dir als Vorbild und Lehrer bei all deinen Plänen und in deiner ganzen Lebensführung nehmen sollen! Aber du wolltest lieber das Abbild deines Stiefvaters als das deines Onkels werden. Ich habe mich als Fernstehender seines Rates in meinem Konsulat bedient, aber du, der Sohn seiner Schwe-

filius, ecquid ad eum umquam de re publica rettulisti? At ad quos refert? di immortales! Ad eos scilicet quorum nobis etiam dies natales audiendi sunt. (15) 'Hodie non descendit Antonius.' Cur? 'Dat nataliciam in hortis.' Cui? Neminem nominabo: putate tum Phormioni alicui, tum Gnathoni, tum etiam Ballioni. O foeditatem hominis flagitiosam, o impudentiam, nequitiam, libidinem non ferendam! Tu cum principem senatorem, civem singularem tam propinquum habeas, ad eum de re publica nihil referas, referas ad eos qui suam rem nullam habent, tuam exhauriunt?

Tuus videlicet salutaris consulatus, perniciosus meus. Adeone pudorem cum pudicitia perdidisti ut hoc in eo templo dicere ausus sis in quo ego senatum illum qui quondam florens orbi terrarum praesidebat consulebam, tu homines perditissimos cum gladiis conlocavisti? (16) At etiam ausus es – quid autem est quod tu non audeas? – clivum Capitolinum dicere me consule plenum servorum armatorum fuisse. Ut illa, credo, nefaria senatus consulta fierent, vim adferebam senatui. O miser, sive illa tibi nota non sunt – nihil enim boni nosti – sive sunt, qui apud talis viros tam impudenter loquare! Quis enim eques Romanus, quis praeter te adulescens nobilis, quis ullius ordinis qui se civem esse meminisset, cum senatus in hoc templo esset, in clivo Capitolino non fuit, quis nomen non dedit? quamquam nec

ster – hast du jemals seinen Rat in Staatsangelegenheiten eingeholt? Von wem hat er denn seinen Rat bezogen? O ihr Götter! Von solchen Leuten, von denen wir sogar hören dürfen, wann sie Geburtstag haben. (15) »Antonius kommt heute nicht aufs Forum.« Warum nicht? »Er veranstaltet eine Geburtstagsfeier in seinen Gärten.« Für wen? Ich will keine Namen nennen; denkt euch immerhin, es sei für Leute wie Phormio, oder Gnatho, oder auch Ballio.[19] Eine schändliche Niedertracht dieses Menschen, schamlos, nichtswürdig, zügellos – einfach nicht zu ertragen! Da hast du den führenden Mann des Senats, einen musterhaften Bürger, in deiner nächsten Verwandtschaft, aber du holst niemals seinen politischen Rat ein. Rat holst du dir bei solchen, die selbst nichts haben und dein Hab und Gut verzehren.

Aber dein Konsulat, das war natürlich ein Segen, meines war der Ruin. So sehr hast du also mit der anständigen Haltung auch jedes Gefühl für Anstand verloren, daß du das alles in ebendiesem Tempel zu behaupten wagst, in dem ich meine Beratungen mit dem Senat abhielt,[20] der einst in seiner Blütezeit dem Erdkreis gebot. Du aber hast dort bewaffnete Banditen postiert! (16) Aber du hast es ja auch gewagt – was gibt es denn, was du nicht wagst? – zu behaupten, als ich Konsul war, da sei der Kapitolinische Hügel voller bewaffneter Sklaven gewesen. Da habe ich wohl, um meine angeblich so verruchten Senatsbeschlüsse zustande zu bringen, den Senat unter Druck gesetzt. O du Elender, ob dir nun die Ereignisse von damals nicht bekannt sind – denn etwas Gutes kennst du ja grundsätzlich nicht –, oder ob du sie kennst: Wie kannst du vor solchen Männern so unverschämt daherreden? Gab es denn einen römischen Ritter, einen jungen Mann von Adel – außer dir – einen Mann gleich welchen Standes, wenn er sich nur überhaupt als Bürger verstand, der nicht auf dem Kapitolinischen Hügel war, der sich nicht zum Waffendienst einschreiben ließ, damals als der Senat in diesem Tempel tagte? Die Schreiber reichten ja

scribae sufficere nec tabulae nomina illorum capere potuerunt. (17) Etenim cum homines nefarii de patriae parricidio confiterentur, consciorum indiciis, sua manu, voce paene litterarum coacti se urbem inflammare, civis trucidare, vastare Italiam, delere rem publicam consensisse, quis esset qui ad salutem communem defendendam non excitaretur, praesertim cum senatus populusque Romanus haberet ducem, qualis si qui nunc esset, tibi idem quod illis accidit contigisset?

Ad sepulturam corpus vitrici sui negat a me datum. Hoc vero ne P. quidem Clodius dixit umquam: quem, quia iure ei inimicus fui, doleo a te omnibus vitiis iam esse superatum. (18) Qui autem tibi venit in mentem redigere in memoriam nostram te domi P. Lentuli esse educatum? An verebare ne non putaremus natura te potuisse tam improbum evadere, nisi accessisset etiam disciplina? Tam autem eras excors ut tota in oratione tua tecum ipse pugnares, non modo non cohaerentia inter se diceres, sed maxime diiuncta atque contraria, ut non tanta mecum quanta tibi tecum esset contentio. Vitricum tuum fuisse in tanto scelere fatebare, poena adfectum querebare. Ita quod proprie meum est laudasti; quod totum est senatus reprehendisti. Nam comprehensio sontium mea, animadversio senatus fuit. Homo disertus non intellegit eum quem contra dicit laudari a se; eos apud quos dicit vituperari. (19) Iam illud cuius est, non dico audaciae – cupit enim se audacem – sed, quod minime

nicht aus, die Listen konnten die Namen aller gar nicht fassen. (17) Die Verbrecher gestanden, den Mord am Vaterland geplant zu haben, genötigt durch die Aussagen ihrer Mitverschworenen und ihre eigene Handschrift, sozusagen durch die Stimme eines Briefes.[21] Sie hätten sich verschworen, die Stadt in Brand zu stecken, die Bürger abzuschlachten, Italien zu verwüsten und das Staatswesen zu vernichten. Wer fühlte sich daraufhin nicht zur Verteidigung des Gemeinwesens aufgerufen? Zudem hatten ja Senat und Volk von Rom einen Führer, wie es ihn heute nicht gibt,[22] sonst hätte dich das gleiche Los getroffen wie die anderen damals!

Er behauptet ferner, ich hätte die Leiche seines Stiefvaters nicht zur Bestattung freigegeben. Das hat nicht einmal Publius Clodius behauptet. Ich war ja ganz regelrecht mit ihm verfeindet, aber ich muß ihn bedauern, da er von dir nun in allen Schurkereien vom ersten Rang verdrängt worden ist. (18) Wie ist es dir nur in den Sinn gekommen, uns daran zu erinnern, daß du im Hause des Publius Lentulus erzogen wurdest?[23] Befürchtetest du, wir könnten glauben, du hättest von Natur aus gar kein solcher Schuft werden können, wenn nicht noch die Erziehung hinzugekommen wäre? Du warst aber so einfältig, daß du dich in deiner Rede dauernd in Widersprüche verwickelt hast. Lauter nicht nur unzusammenhängende, ja ganz widerspruchsvolle Behauptungen hast du aufgestellt. Dadurch schienst du nicht so sehr mit mir als mit dir selbst im Streit zu liegen. Dein Stiefvater sei an dem verbrecherischen Unternehmen beteiligt gewesen, das gibst du zu; du beklagst dich aber darüber, daß ihn die Strafe getroffen hat. Damit hast du gelobt, was auf mein Konto geht; was aber ausschließlich Sache des Senats war, das hast du getadelt. Denn die Festnahme der Schuldigen ging von mir aus; die Bestrafung hat der Senat veranlaßt. Unser Meister der Beredsamkeit merkt gar nicht, daß er ja seinen Gegner lobt, seine Zuhörer aber tadelt. (19) Nun zeigt sich doch seine – ich will nicht sagen, seine Kühnheit –

volt, stultitiae, qua vincit omnis, clivi Capitolini mentionem facere, cum inter subsellia nostra versentur armati, cum in hac cella Concordiae, di immortales! in qua me consule salutares sententiae dictae sunt, quibus ad hanc diem viximus, cum gladiis homines conlocati stent? Accusa senatum; accusa equestrem ordinem qui tum cum senatu copulatus fuit; accusa omnis ordines, omnis civis, dum confiteare hunc ordinem hoc ipso tempore ab Ituraeis circumsederi. Haec tu non propter audaciam dicis tam impudenter, sed quia tantam rerum repugnantiam non vides. Nihil profecto sapis. Quid est enim dementius quam, cum rei publicae perniciosa arma ipse ceperis, obicere alteri salutaria?

(20) At etiam quodam loco facetus esse voluisti. Quam id te, di boni, non decebat! In quo est tua culpa non nulla. Aliquid enim salis a mima uxore trahere potuisti. 'Cedant arma togae.' Quid? tum nonne cesserunt? At postea tuis armis cessit toga. Quaeramus igitur utrum melius fuerit libertati populi Romani sceleratorum arma an libertatem nostram armis tuis cedere. Nec vero tibi de versibus plura respondebo: tantum dicam breviter, te neque illos neque ullas omnino litteras nosse; me nec rei publicae nec amicis umquam defuisse, et tamen omni genere monumentorum meorum perfecisse operis subsicivis ut meae vigiliae meae-

kühn möchte er ja gerne sein – nein, was er am wenigsten sein möchte, seine Dummheit zeigt sich, in der er alle übertrifft! Den Kapitolinischen Hügel erwähnt er: Und hier, zwischen unseren Sitzreihen patrouillieren Bewaffnete! Hier, im Heiligtum der Concordia – ihr unsterblichen Götter! – hier habe ich als Konsul die rettenden Beschlüsse beantragt, denen wir bis zum heutigen Tag unsere Existenz verdanken, und hier sind nun Männer mit Schwertern postiert! Klage den Senat an, die Ritterschaft, die damals mit dem Senat in enger Verbindung stand, klage alle Stände, sämtliche Bürger an, wenn du nur zugibst, daß der Senat zu diesem Zeitpunkt von Ituräern[24] umlagert wird. Nicht aus Kühnheit redest du ja so ungereimt daher, sondern weil du gar nicht merkst, wie sehr du dir selbst widersprichst. Du verstehst wirklich gar nichts. Gibt es denn etwas Verrückteres? Du hast selber die Waffen zum Verderben des Staates ergriffen und machst einem andern Vorwürfe, der sie zur Rettung des Staates gebraucht hat?

(20) An einer Stelle hast du sogar versucht, witzig zu sein. Aber das steht dir nun wahrhaftig nicht! Freilich muß man dir das schon ein wenig zum Vorwurf machen. Ein bißchen Witz hättest du dir schon von deiner Komödiantenbraut[25] aneignen können. »Weichen sollen die Waffen der Toga.«[26] Nun? War es nicht damals so? Aber später mußte die Toga vor deinen Waffen den Rückzug antreten. Fragen wir also, was das Bessere war: daß die Waffen von Verbrechern Platz machten für die Freiheit des römischen Volkes, oder daß unsere Freiheit deinen Waffen weichen mußte. Ich werde dir meiner Dichtung wegen nichts weiter erwidern, nur soviel will ich kurz sagen: Du hast weder davon noch von Literatur überhaupt eine Ahnung. Ich habe dem Gemeinwesen wie auch meinen Freunden niemals meine Dienste versagt, und doch habe ich auf jedem Gebiet meiner Schriftstellerei, durch das Bemühen in meinen freien Stunden, immerhin soviel erreicht: Meine nächtlichen Studien und meine literarischen Arbeiten haben der Jugend einigen Nutzen und dem

que litterae et iuventuti utilitatis et nomini Romano laudis aliquid adferrent. Sed haec non huius temporis: maiora videamus.

(21) P. Clodium meo consilio interfectum esse dixisti. Quidnam homines putarent, si tum occisus esset cum tu illum in foro inspectante populo Romano gladio insecutus es negotiumque transegisses, nisi se ille in scalas tabernae librariae coniecisset eisque oppilatis impetum tuum compressisset? Quod quidem ego favisse me tibi fateor, suasisse ne tu quidem dicis. At Miloni ne favere quidem potui; prius enim rem transegit quam quisquam eum facturum id suspicaretur. At ego suasi. Scilicet is animus erat Milonis ut prodesse rei publicae sine suasore non posset. At laetatus sum. Quid ergo? in tanta laetitia cunctae civitatis me unum tristem esse oportebat?

(22) Quamquam de morte Clodi fuit quaestio non satis prudenter illa quidem constituta – quid enim attinebat nova lege quaeri de eo qui hominem occidisset, cum esset legibus quaestio constituta? – quaesitum est tamen. Quod igitur, cum res agebatur, nemo in me dixit, id tot annis post tu es inventus qui diceres?

(23) Quod vero dicere ausus es idque multis verbis, opera mea Pompeium a Caesaris amicitia esse diiunctum ob eamque causam culpa mea bellum civile esse natum, in eo non tu quidem tota re sed, quod maximum est, temporibus errasti.

Namen Roms ein wenig Anerkennung gebracht. Aber das gehört nicht hierher. Beschäftigen wir uns mit wichtigeren Dingen!

(21) Publius Clodius sei auf mein Anstiften hin ermordet worden, hast du gesagt. Was würden wohl die Leute denken, wenn er damals ermordet worden wäre, als du auf dem Forum vor den Augen des römischen Volkes mit dem Schwert auf ihn losgingst? Und du hättest dein Vorhaben ausgeführt, wenn er sich nicht unter die Treppe eines Buchladens gerettet, sich dort verbarrikadiert und so deinen Angriff zurückgeschlagen hätte. Ich gebe zu, ich war deinem Tun durchaus wohlgesonnen, aber daß ich es dir eingeredet hätte, das wirst du wahrhaftig nicht behaupten wollen. Dagegen konnte ich dem Milo[27] nicht einmal meine Sympathie erklären; er hatte die Tat nämlich vollbracht, bevor auch nur irgend jemand vermutete, daß er es tun würde. Aber ich soll dazu geraten haben. Freilich, so ein Mann war Milo: Er brauchte erst einen Ratgeber, sonst konnte er keine dem Staat nützliche Tat vollbringen. Aber gefreut hätte ich mich. Ja freilich! Alle Bürger waren voller Freude, sollte ich da als einziger traurig sein?

(22) Es fand indessen eine gerichtliche Untersuchung statt über den Tod des Publius Clodius. Er zeugte nicht gerade von Weitblick, dieser Sondergerichtshof, denn wozu brauchte man ein Ausnahmegesetz, um einen Mann wegen Totschlags abzuurteilen. Dafür gab es ja bereits ein gesetzmäßiges Verfahren. Es fand jedenfalls eine besondere Untersuchung statt. Was nun damals bei der Verhandlung niemand gegen mich vorgebracht hat, dafür findest du dich nun nach so vielen Jahren bereit?[28]

(23) Du unterstehst dich tatsächlich, weitschweifig zu behaupten, mein Werk sei es gewesen, daß Pompeius Caesar die Freundschaft aufgekündigt habe, und aus diesem Grunde sei ich am Ausbruch des Bürgerkrieges schuld. Dabei bist du zwar der Sache nach nicht gänzlich im Irrtum, aber doch – was hier ausschlaggebend ist – in der Zeitrech-

Ego M. Bibulo, praestantissimo civi, consule nihil praetermisi, quantum facere enitique potui, quin Pompeium a Caesaris coniunctione avocarem. In quo Caesar felicior fuit. Ipse enim Pompeium a mea familiaritate diiunxit. Postea vero quam se totum Pompeius Caesari tradidit, quid ego illum ab eo distrahere conarer? Stulti erat sperare, suadere impudentis. (24) Duo tamen tempora inciderunt quibus aliquid contra Caesarem Pompeio suaserim. Ea velim reprehendas, si potes: unum ne quinquenni imperium Caesari prorogaret, alterum ne pateretur ferri ut absentis eius ratio haberetur. Quorum si utrumvis persuasissem, in has miserias numquam incidissemus. Atque idem ego, cum iam opes omnis et suas et populi Romani Pompeius ad Caesarem detulisset, seroque ea sentire coepisset quae multo ante provideram, inferrique patriae bellum viderem nefarium, pacis, concordiae, compositionis auctor esse non destiti, meaque illa vox est nota multis: 'Utinam, Cn. Pompei, cum C. Caesare societatem aut numquam coisses aut numquam diremisses! Fuit alterum gravitatis, alterum prudentiae tuae.' Haec mea, M. Antoni, semper et de Pompeio et de re publica consilia fuerunt. Quae si valuissent, res publica staret, tu tuis flagitiis, egestate, infamia concidisses.

(25) Sed haec vetera, illud vero recens, Caesarem meo consilio interfectum. Iam vereor, patres conscripti, ne, quod

nung. Im Konsulatsjahr des Marcus Bibulus,[29] dieses hervorragenden Mannes, habe ich, soweit mein ganzes Tun und Streben reichte, nichts unversucht gelassen, um Pompeius von einer Verbindung mit Caesar abzubringen. Dabei erwies sich Caesar als der Glücklichere. Er machte nämlich mein freundschaftliches Verhältnis zu Pompeius zunichte. Nachdem Pompeius sich aber Caesar in die Arme geworfen hatte, wie konnte ich da versuchen, ihn von ihm zu trennen? Es wäre töricht gewesen, darauf zu hoffen, und ungebührlich, ihm das zu raten. (24) Immerhin bot sich mir zweimal die Gelegenheit, Pompeius einen gegen Caesar gerichteten Rat zu erteilen. Das magst du tadeln, wenn du kannst. Beim ersten Mal riet ich ihm, Caesars fünfjähriges Kommando nicht abermals zu verlängern, und beim zweiten, ein Gesetz zu verhindern, das Caesar in Abwesenheit die Bewerbung ums Konsulat ermöglichen sollte.[30] Hätte ich ihn auch nur zu einem von beiden überreden können, dann wären wir niemals in diese unglückseligen Zustände geraten. Als Pompeius nun sämtliche Machtmittel – seine eigenen und die des römischen Volkes – Caesar übertragen hatte und zu spät zu merken begann, was ich schon lange vorausgesehen hatte, und als ich sah, daß dem Vaterland ein fluchwürdiger Krieg drohte, da war ich es, der unablässig für Frieden, Eintracht und Versöhnung eintrat. Viele werden sich noch an meinen Ausspruch erinnern: »Du hättest das Bündnis mit Caesar entweder niemals eingehen oder niemals brechen dürfen, Pompeius! Das eine hätte für deine Charakterfestigkeit, das andere für deine Klugheit gesprochen!« Das war allzeit meine Überzeugung, Marcus Antonius, was Pompeius wie auch die Lenkung des Staates betraf. Hätte ich mich damit durchgesetzt, dann existierte unser Gemeinwesen noch, und du hättest dich durch deine Schandtaten, deine Mittellosigkeit und deinen schlechten Ruf selbst ruiniert.

(25) Doch das gehört der Vergangenheit an; wirklich neu aber ist das folgende: Auf meinen Rat hin soll Caesar getötet worden sein. Ich fürchte schon, Senatoren, es sieht so aus,

turpissimum est, praevaricatorem mihi apposuisse videar, qui me non solum meis laudibus ornaret sed etiam oneraret alienis. Quis enim meum in ista societate gloriosissimi facti nomen audivit? Cuius autem qui in eo numero fuisset nomen est occultatum? Occultatum dico? cuius non statim divolgatum? Citius dixerim iactasse se aliquos ut fuisse in ea societate viderentur, cum conscii non fuissent, quam ut quisquam celari vellet qui fuisset. (26) Quam veri simile porro est in tot hominibus partim obscuris, partim adulescentibus neminem occultantibus meum nomen latere potuisse? Etenim si auctores ad liberandam patriam desiderarentur illis actoribus, Brutos ego impellerem, quorum uterque L. Bruti imaginem cotidie videret, alter etiam Ahalae? Hi igitur his maioribus ab alienis potius consilium peterent quam a suis et foris potius quam domo? Quid? C. Cassius in ea familia natus quae non modo dominatum, sed ne potentiam quidem cuiusquam ferre potuit, me auctorem, credo, desideravit: qui etiam sine his clarissimis viris hanc rem in Cilicia ad ostium fluminis Cydni confecisset, si ille ad eam ripam quam constituerat, non ad contrariam navis appulisset.

(27) Cn. Domitium non patris interitus, clarissimi viri, non avunculi mors, non spoliatio dignitatis ad recuperandam libertatem, sed mea auctoritas excitavit? An C. Trebonio ego persuasi? cui ne suadere quidem ausus essem. Quo etiam maiorem ei res publica gratiam debet qui libertatem populi Romani unius amicitiae praeposuit depulsorque dominatus

als hätte ich mir – welche Schande – einen Scheinankläger bestellt, der mich nicht nur mit eigenem Lorbeer schmückt, sondern auch noch mit fremdem belädt. Wer hat denn meinen Namen unter den Teilnehmern an jener Ruhmestat gehört? Blieb ein einziger Name aus diesem Kreis geheim? Geheim, sage ich? War er nicht augenblicklich in aller Munde? Eher möchte ich behaupten, es hätten sich einige der Tat gerühmt, um als Teilnehmer an dieser Verbindung zu erscheinen, obwohl sie gar nicht dabei waren, als daß jemand, der wirklich beteiligt war, das verheimlichen wollte. (26) Recht unwahrscheinlich ist auch dies: Unter so vielen teils unbekannten, teils jungen Leuten, die niemanden aus der Sache herausgehalten haben, da hätte mein Name geheim bleiben können? Und wenn die Täter noch Ratgeber zur Befreiung des Vaterlandes gebraucht hätten, da hätte ich wohl die beiden Bruti antreiben müssen – haben sie doch tagtäglich das Ahnenbild des Lucius Brutus vor Augen, der eine noch dazu das des Ahala.[31] Mit solchen Ahnherrn hätten sie wohl eher bei fremden Leuten Rat gesucht als bei ihren Angehörigen, und eher auswärts als im eigenen Hause? Wie? Ein Gaius Cassius ist in einer Familie geboren, die nicht einmal die Vormachtstellung, geschweige denn die Alleinherrschaft eines einzelnen ertragen konnte.[32] Da hätte er, glaub ich wohl, mich als Ratgeber nötig gehabt? Er hätte auch ohne die anderen Helden seine Sache in Kilikien an der Cydnusmündung erledigt, wäre Caesar nur an der geplanten Stelle und nicht am gegenüberliegenden Ufer gelandet.[33]
(27) Und Gnaeus Domitius[34] – es war nicht der Tod des Vaters, dieses hervorragenden Mannes, oder der Tod des Oheims, nicht der Verlust seiner Würde, was ihn zur Wiederherstellung der Freiheit aufrief, sondern mein Rat? Oder habe ich den Gaius Trebonius dazu überredet?[35] Ich hätte es nicht einmal gewagt, ihm gute Ratschläge zu geben. Um so mehr Dank ist ihm das Gemeinwesen schuldig, hat er doch die Freiheit des römischen Volkes höher gestellt als die Freundschaft eines einzigen. Er wollte die Gewaltherrschaft

quam particeps esse maluit. An L. Tillius Cimber me est auctorem secutus? quem ego magis fecisse illam rem sum admiratus quam facturum putavi, admiratus autem ob eam causam quod immemor beneficiorum, memor patriae fuisset. Quid duos Servilios – Cascas dicam an Ahalas? – et hos auctoritate mea censes excitatos potius quam caritate rei publicae? Longum est persequi ceteros, idque rei publicae praeclarum fuisse tam multos, ipsis gloriosum.

(28) At quem ad modum me coarguerit homo acutus recordamini. 'Caesare interfecto' inquit 'statim cruentum alte extollens Brutus pugionem Ciceronem nominatim exclamavit atque ei recuperatam libertatem est gratulatus.' Cur mihi potissimum? quia sciebam? Vide ne illa causa fuerit appellandi mei quod, cum rem gessisset consimilem rebus eis quas ipse gesseram, me potissimum testatus est se aemulum mearum laudum exstitisse. (29) Tu autem, omnium stultissime, non intellegis, si, id quod me arguis, voluisse interfici Caesarem crimen sit, etiam laetatum esse morte Caesaris crimen esse? Quid enim interest inter suasorem facti et probatorem? aut quid refert utrum voluerim fieri an gaudeam factum? Ecquis est igitur exceptis eis qui illum regnare gaudebant qui illud aut fieri noluerit aut factum improbarit? Omnes ergo in culpa. Etenim omnes boni, quantum in ipsis fuit, Caesarem occiderunt: aliis consilium, aliis animus, aliis occasio defuit; voluntas nemini.

(30) Sed stuporem hominis vel dicam pecudis attendite. Sic

lieber beseitigen als ihr Teilhaber sein. Oder ist Lucius Tillius Cimber[36] vielleicht meinem Rat gefolgt? Ich habe mich mehr gewundert, daß er die Tat ausführte, als daß ich es erwartet hätte. Gewundert habe ich mich deshalb, weil er eher empfangene Wohltaten vergessen wollte als das Vaterland. Und die beiden Servilier[37] – soll ich sie Casca nennen oder Ahala? Hat mein Rat sie aufgerufen, was meinst du, oder nicht eher die Liebe zum Gemeinwesen? Es würde zu weit führen, die übrigen alle durchzugehen. Ihre große Zahl gereicht dem Staat zur Ehre und ihnen selbst zum Ruhm.

(28) Aber denkt nur daran, wie dieser scharfsinnige Mensch hier mich überführen wollte. »Als Caesar tot war, hielt Brutus sogleich den blutigen Dolch in die Höhe, rief Cicero beim Namen und gratulierte ihm zur wiedergewonnenen Freiheit.« Warum ausgerechnet mir? Weil ich davon gewußt hatte? Sollte er nicht eher deshalb meinen Namen gerufen haben, weil er eine Tat vollbracht hatte, die meinen Taten gleichzustellen ist? Deshalb wollte er gerade mich als Zeugen anrufen, daß er als Erbe meiner Ruhmestaten aufgetreten sei. (29) Du Oberdummkopf merkst dabei aber folgendes gar nicht: Gilt der Wunsch, Caesar zu ermorden, als Verbrechen – das wirfst du mir ja vor –, dann ist doch die Freude über Caesars Tod ebenso ein Verbrechen. Was ist nämlich der Unterschied zwischen einem, der zur Tat rät, und einem, der sie gut heißt? Oder was macht es für einen Unterschied, ob ich die Tat gewollt habe, oder ob ich mich hinterher darüber freue? Wo gibt es nun jemand – außer denen, die sich der Segnungen seiner Herrschaft erfreuten – der nicht gewollt hat, daß die Tat geschehe, oder der das Geschehene nicht gebilligt hat? Wir sind also sämtlich schuldig. Demnach haben alle Gutgesinnten, soweit es in ihren Kräften stand, Caesar ermordet. Die einen hatten keinen Plan, die anderen keine Courage, wieder anderen mangelte die Gelegenheit; am Willen zur Tat fehlte es keinem.

(30) Aber hört doch nur, wie einfältig er ist, was für ein

enim dixit: 'Brutus, quem ego honoris causa nomino, cruentum pugionem tenens Ciceronem exclamavit: ex quo intellegi debet eum conscium fuisse.' Ergo ego sceleratus appellor a te quem tu suspicatum aliquid suspicaris; ille qui stillantem prae se pugionem tulit, is a te honoris causa nominatur? Esto; sit in verbis tuis hic stupor: quanto in rebus sententiisque maior? Constitue hoc, consul, aliquando, Brutorum, C. Cassi, Cn. Domiti, C. Treboni, reliquorum quam velis esse causam; edormi crapulam, inquam, et exhala. An faces admovendae sunt quae excitent tantae causae indormientem? Numquamne intelleges statuendum tibi esse utrum illi qui istam rem gesserunt homicidaene sint an vindices libertatis? (31) Attende enim paulisper cogitationemque sobrii hominis punctum temporis suscipe. Ego qui sum illorum, ut ipse fateor, familiaris, ut a te arguor, socius, nego quicquam esse medium: confiteor eos, nisi liberatores populi Romani conservatoresque rei publicae sint, plus quam sicarios, plus quam homicidas, plus etiam quam parricidas esse, si quidem est atrocius patriae parentem quam suum occidere. Tu homo sapiens et considerate, quid dicis? si parricidas, cur honoris causa a te sunt et in hoc ordine et apud populum Romanum semper appellati? cur M. Brutus referente te legibus est solutus, si ab urbe plus quam decem dies afuisset? cur ludi Apollinares incredibili M. Bruti honore celebrati? cur provinciae Bruto, Cassio datae, cur

Schafskopf! Er hat nämlich folgendes gesagt: »Brutus, den ich in allen Ehren nenne, hielt den blutigen Dolch in der Hand und rief Ciceros Namen aus., Daraus muß man schließen, daß dieser ein Mitwisser war.« Also mich nennst du einen Verbrecher, da du vermutest, ich hätte etwas vermutet. Der aber, der den noch triefenden Dolch hochhielt, den nennst du in allen Ehren?[38] Nun gut, mag sich deine Einfalt hier in deinen Worten offenbaren, wieviel größer ist sie aber noch in deinen Taten und deinen Vorstellungen? Erkläre dich nun einmal, Konsul, wie du die Sache der beiden Bruti, des Gaius Cassius, Gnaeus Domitius, Gaius Trebonius und der übrigen aufgefaßt wissen willst. Schlaf deinen Rausch aus und laß ihn verdunsten! Oder müssen wir dir erst ein Licht aufstecken, damit du wach wirst und nicht eine solch wichtige Sache verschläfst! Wirst du denn nie begreifen, daß du um eine Entscheidung nicht herumkommst: Sind die Männer, die diese Tat vollbracht haben, Mörder oder Freiheitshelden? (31) Hör doch einmal kurz zu, und denke nur einen Augenblick wie ein nüchterner Mensch darüber nach. Ich bin, das gebe ich offen zu, der Freund jener Männer, ihr Gesinnungsgenosse, wie du mich beschuldigst, und ich sage dir: Es gibt keinen Mittelweg. Entweder sind sie, so sage ich ganz offen, die Befreier des römischen Volkes und die Retter des Gemeinwesens, oder aber sie sind schlimmer als Meuchelmörder und Totschläger, ja sogar schlimmer als Vatermörder, ist es doch schrecklicher, den Vater des Vaterlandes[39] als den eigenen Vater zu töten. Du mit deiner Weisheit und klugen Überlegung – was sagst du nun? Sind es Vatermörder, warum hast du sie dann stets ehrend erwähnt, sowohl hier im Senat wie auch vor dem römischen Volk? Warum ist Marcus Brutus auf deinen Vorschlag hin von der gesetzlichen Bestimmung[40] befreit worden für den Fall, daß er sich länger als zehn Tage von der Stadt entfernt aufhält? Warum sind die Apollinarspiele unter unglaublichen Ehrenbezeugungen für Marcus Brutus gefeiert worden? Warum übertrug man Brutus und Cassius Provinzen, teilte ihnen

quaestores additi, cur legatorum numerus auctus? Atqui haec acta per te. Non igitur homicidas. Sequitur ut liberatores tuo iudicio, quando quidem tertium nihil potest esse. Quid est? num conturbo te? (32) Non enim fortasse satis quae diiunctius dicuntur intellegis. Sed tamen haec summa est conclusionis meae: quoniam scelere a te liberati sunt, ab eodem amplissimis praemiis dignissimos iudicatos. Itaque iam retexo orationem meam. Scribam ad illos ut, si qui forte, quod a te mihi obiectum est, quaerent sitne verum, ne cui negent. Etenim vereor ne aut celatum me illis ipsis non honestum aut invitatum refugisse mihi sit turpissimum. Quae enim res umquam, pro sancte Iuppiter! non modo in hac urbe sed in omnibus terris est gesta maior; quae gloriosior, quae commendatior hominum memoriae sempiternae? In huius me tu consili societatem tamquam in equum Troianum cum principibus includis? (33) Non recuso; ago etiam gratias, quoquo animo facis. Tanta enim res est ut invidiam istam quam tu in me vis concitare cum laude non comparem. Quid enim beatius illis quos tu expulsos a te praedicas et relegatos? qui locus est aut tam desertus aut tam inhumanus qui illos, cum accesserint, non adfari atque appetere videatur? qui homines tam agrestes qui se, cum eos aspexerint, non maximum cepisse vitae fructum putent? quae vero tam immemor posteritas, quae tam ingratae litterae reperientur

Quaestoren zu, erhöhte die Zahl ihrer Legaten? Das ist doch alles aufgrund deiner Verfügungen geschehen. Also sind sie keine gemeinen Mörder. Folglich sind sie nach deinem Urteil Freiheitshelden, denn ein Drittes gibt es nun einmal nicht. Wie steht es also? Bringe ich dich etwa durcheinander? (32) Du kommst vielleicht nicht ganz mit bei solch haarscharfer Schlußfolgerung. Jedenfalls ergibt sich aus meiner Argumentation dies: Da du die Männer vom Vorwurf des Verbrechens freigesprochen hast, sind sie damit auch von dir der ehrenvollsten Belohnungen für würdig erachtet worden. Daher widerrufe ich meine Behauptung von vorhin. Ich werde ihnen schreiben, falls man an sie die Frage richtet, ob dein Vorwurf mir gegenüber zu Recht besteht, dann sollten sie ja sagen. Ihnen erscheint es, fürchte ich, in der Tat nicht ehrenhaft, mir die Sache verschwiegen zu haben, andererseits wäre es für mich eine Schande, hätte ich mich trotz einer Aufforderung von der Teilnahme gedrückt. Wann ist jemals – o heiliger Juppiter! – in dieser Stadt, ja auf dem ganzen Erdkreis eine größere, eine ruhmvollere Tat vollbracht worden, eine Tat, die es mehr verdiente, für immer im Gedächtnis der Menschen fortzuleben! In die Gemeinschaft dieses Unternehmens schließt du mich mitsamt seinen Anführern wie ins Trojanische Pferd ein! Ich habe nichts dagegen, danke dir sogar, ganz gleich, welche Absicht du dabei verfolgst. (33) So großartig ist diese Tat, daß der Haß, den du gegen mich schüren willst,[41] gemessen an dem Ruhm für mich gar keine Rolle spielt. Gibt es denn ein glücklicheres Los als das der Männer, die von dir vertrieben und ausgewiesen sind, wie du dich rühmst? Wo wäre ein Ort, sei er noch so entlegen und gottverlassen, der sie nicht gleichsam ansprechen und an sich ziehen würde, wenn sie kämen? Wo gäbe es Menschen, so bar jeglichen Gefühls, daß sie bei ihrem Anblick nicht glaubten, die größte Bereicherung ihres Lebens zu erfahren? Wird die Nachwelt einmal so unbekümmert um die Vergangenheit sein, eine geschichtliche Überlieferung so schnöde und undankbar, daß sie diese

quae eorum gloriam non immortalitatis memoria prosequantur? Tu vero ascribe me talem in numerum.
(34) Sed unam rem vereor ne non probes: si enim interfuissem, non solum regem sed etiam regnum de re publica sustulissem; et, si meus stilus ille fuisset, ut dicitur, mihi crede, non solum unum actum sed totam fabulam confecissem. Quamquam si interfici Caesarem voluisse crimen est, vide, quaeso, Antoni, quid tibi futurum sit, quem et Narbone hoc consilium cum C. Trebonio cepisse notissimum est et ob eius consili societatem, cum interficeretur Caesar, tum te a Trebonio vidimus sevocari. Ego autem – vide quam tecum agam non inimice – quod bene cogitasti aliquando, laudo; quod non indicasti, gratias ago; quod non fecisti, ignosco. Virum res illa quaerebat. (35) Quod si te in iudicium quis adducat usurpetque illud Cassianum, ‘cui bono fuerit,’ vide, quaeso, ne haereas. Quamquam illud quidem fuit, ut tu dicebas, omnibus bono qui servire nolebant, tibi tamen praecipue qui non modo non servis sed etiam regnas; qui maximo te aere alieno ad aedem Opis liberavisti; qui per easdem tabulas innumerabilem pecuniam dissipavisti; ad quem e domo Caesaris tam multa delata sunt; cuius domi quaestuosissima est falsorum commentariorum et chirographorum officina, agrorum, oppidorum, immunitatium, vectigalium flagitiosissimae nundinae. (36) Etenim quae res egestati et aeri alieno tuo praeter mortem Caesaris subvenire

Ruhmestat nicht ewigem Andenken weiht? Du kannst mich ruhig in die Zahl dieser Männer einreihen!
(34) Aber ein Punkt wird, so fürchte ich, nicht deine Zustimmung finden: Wäre ich nämlich dabeigewesen, dann hätte ich das Staatswesen nicht nur vom Herrscher, sondern auch von der Herrschaft befreit. Hätte ich, wie man sich ausdrückt, den Griffel geführt, dann hätte ich, das kannst du mir glauben, nicht nur einen Akt, sondern das ganze Stück geschrieben.[42] Wenn es aber ein Verbrechen ist, Caesars Tod gewünscht zu haben, dann paß nur auf, Antonius, wie du dabei wegkommst. Es ist ja nur allzugut bekannt, daß du in Narbo mit Gaius Trebonius zusammen ganz den gleichen Plan gefaßt hattest. Und wegen dieser Mitwisserschaft hat dich Trebonius, wie wir gesehen haben, bei der Ermordung Caesars beiseitegenommen.[43] Ich für meine Person – du siehst daraus, wie ich ganz ohne Gehässigkeit mit dir umgehe! – ich kann es nur loben, daß du einmal einen guten Einfall hattest; ich spreche dir Dank aus, daß du nichts verraten hast, und ich verzeihe dir, daß du die Tat nicht ausgeführt hast. Für die Sache brauchte es einen Mann. (35) Würde dich aber jemand vor Gericht bringen und die bekannte Grundsatzfrage des Cassius[44] stellen: »Wem hat die Sache Nutzen gebracht?« – dann müßtest du zusehen, daß du nicht in der Falle sitzt. Diese Tat ist zwar, wie du zu sagen pflegtest, allen zugute gekommen, die nicht als Sklaven leben wollen. Das gilt aber doch ganz besonders für dich, denn du bist nicht nur kein Sklave mehr, du bist sogar Herr geworden. Du hast dich im Tempel der Ops von deiner gewaltigen Schuldenlast befreit,[45] hast auf gleiche Rechnung ungeheure Summen verschleudert, zu dir fanden so viele Wertgegenstände aus Caesars Haus ihren Weg, in deiner Behausung gibt es eine äußerst einträgliche Fälscherwerkstatt für Aufzeichnungen und handschriftliche Entwürfe, ein Schandmarkt für Ländereien, Städte, Tributbefreiung und Zolleinnahmen. (36) Wie wäre dir mit deinem Geldmangel und deiner Schuldenlast denn überhaupt zu helfen gewesen –

potuisset? Nescio quid conturbatus esse videris: num quid subtimes ne ad te hoc crimen pertinere videatur? Libero te metu: nemo credet umquam; non est tuum de re publica bene mereri; habet istius pulcherrimi facti clarissimos viros res publica auctores; ego te tantum gaudere dico, fecisse non arguo. Respondi maximis criminibus: nunc etiam reliquis respondendum est.

(37) Castra mihi Pompei atque illud omne tempus obiecisti. Quo quidem tempore si, ut dixi, meum consilium auctoritasque valuisset, tu hodie egeres, nos liberi essemus; res publica non tot duces et exercitus amisisset. Fateor enim me, cum ea quae acciderunt providerem futura, tanta in maestitia fuisse quanta ceteri optimi cives, si idem providissent, fuissent. Dolebam, dolebam, patres conscripti, rem publicam vestris quondam meisque consiliis conservatam brevi tempore esse perituram. Nec vero eram tam indoctus ignarusque rerum ut frangerer animo propter vitae cupiditatem, quae me manens conficeret angoribus, dimissa molestiis omnibus liberaret. Illos ego praestantissimos viros, lumina rei publicae, vivere volebam, tot consularis, tot praetorios, tot honestissimos senatores, omnem praeterea florem nobilitatis ac iuventutis, tum optimorum civium exercitus; qui si viverent, quamvis iniqua condicione pacis – mihi enim omnis pax cum

außer durch Caesars Tod? Irgendwie scheinst du mir in Verwirrung geraten zu sein. Fürchtest du etwa insgeheim, man könnte dich mit dieser Tat in Verbindung bringen? Von dieser Angst will ich dich befreien. Niemand wird daran je glauben. Es ist nicht deine Art, dich um das Gemeinwesen verdient zu machen. Als Urheber dieser herrlichen Tat kann sich unser Staat auf hochberühmte Männer berufen. Ich behaupte nur, daß du Grund zur Freude hattest, ich beschuldige dich keineswegs, daß du an der Tat beteiligt warst. Damit habe ich auf die stärksten Anschuldigungen geantwortet; jetzt muß ich noch zu den übrigen Vorwürfen Stellung nehmen.

(37) Du hast mir meine Anwesenheit im Lager des Pompeius und überhaupt die ganze Zeit damals zum Vorwurf gemacht.[46] Hätte ich mich damals, wie bereits gesagt, mit meinem Rat und meiner Meinung durchgesetzt, dann wärest du heute ein armer Schlucker, und wir wären frei; die Republik aber hätte nicht so viele Feldherrn und Armeen verloren. Ich sage es ganz offen: Als ich kommen sah, was dann auch eingetroffen ist, da empfand ich große Trauer, so wie es den anderen redlich gesinnten Mitbürgern auch ergangen wäre, hätten sie wie ich alles kommen sehen. Schmerz erfüllte mich, ja Schmerz, Senatoren, bei dem Gedanken, daß unser Gemeinwesen, das durch euren und meinen Einsatz einst gerettet worden war, binnen kurzem vernichtet sein sollte. Aber ich war wirklich nicht so gänzlich ohne Welt- und Lebenserfahrung, daß ich mich ans Leben geklammert hätte und daran zerbrochen wäre.[47] Blieb es mir, so rieb es mich auf mit seinen Ängsten, mußte ich es lassen, so war ich von aller Mühsal befreit. Ich wünschte vielmehr, daß all die hervorragenden Männer, die Zierden des Staates, noch lebten: so viele Konsulare, Praetorier, so viele angesehene Senatoren, außerdem die ganze Blüte des Adels und der Jugend, ferner die Heere mit unseren tapfersten Bürgern. Wären sie am Leben geblieben, und sei es auch unter ungünstigen Friedensbedingungen – in meinen Augen

civibus bello civili utilior videbatur – rem publicam hodie teneremus. (38) Quae sententia si valuisset ac non ei maxime mihi quorum ego vitae consulebam spe victoriae elati obstitissent, ut alia omittam, tu certe numquam in hoc ordine vel potius numquam in hac urbe mansisses.

At vero Cn. Pompei voluntatem a me alienabat oratio mea. An ille quemquam plus dilexit, cum ullo aut sermones aut consilia contulit saepius? Quod quidem erat magnum, de summa re publica dissentientis in eadem consuetudine amicitiae permanere. Ego quid ille et contra ille quid ego sentirem et spectarem videbat. Ego incolumitati civium primum, ut postea dignitati possemus, ille praesenti dignitati potius consulebat. Quod autem habebat uterque quid sequeretur, idcirco tolerabilior erat nostra dissensio. (39) Quid vero ille singularis vir ac paene divinus de me senserit sciunt qui eum de Pharsalia fuga Paphum persecuti sunt. Numquam ab eo mentio de me nisi honorifica, nisi plena amicissimi desideri, cum me vidisse plus fateretur, se speravisse meliora. Et eius viri nomine me insectari audes cuius me amicum, te sectorem esse fateare?

Sed omittatur bellum illud in quo tu nimium felix fuisti. Ne de iocis quidem respondebo quibus me in castris usum esse dixisti: erant quidem illa castra plena curae; verum tamen homines, quamvis in turbidis rebus sint, tamen, si modo homines sunt, interdum animis relaxantur. (40) Quod autem

schien jeder Friedensschluß zwischen Mitbürgern besser als ein Bürgerkrieg –, wären sie also am Leben geblieben, dann hätten wir unser freies Gemeinwesen heute noch. (38) Hätte ich mich mit dieser Ansicht damals durchgesetzt und hätten sich mir nicht gerade die, deren Leben ich retten wollte, im Taumel der Siegeshoffnung in den Weg gestellt, dann wärest du, von allem anderen gar nicht zu reden, sicher nicht mehr im Senat, ja überhaupt nicht mehr in dieser Stadt.

Aber mit meinen Äußerungen habe ich mir Pompeius entfremdet. Wen gab es denn, den er mehr geschätzt hat als mich, mit dem er sich öfter besprochen und beraten hat? Das war gewiß etwas Bemerkenswertes, wie hier zwei Männer mit unterschiedlicher politischer Auffassung in freundschaftlichem Umgang verbunden blieben. Ich sah, welche Gedanken und Vorstellungen er hatte, und das gleiche galt umgekehrt für ihn. Für mich ging es in erster Linie um das Wohlergehen der Bürger, um später auch an unsere Würde denken zu können, für ihn mehr um seine gegenwärtige Stellung. Jeder von uns hatte seine Ziele, die er verfolgte, und gerade das machte unsere Meinungsverschiedenheit erträglich. (39) Was jener einzigartige, ja geradezu göttliche Mann von mir gehalten hat, das wissen diejenigen, die ihm auf der Flucht von Pharsalos aus nach Paphos gefolgt sind.[48] Stets sprach er voller Ehrerbietung von mir, vermißte mich wie seinen besten Freund, wobei er zugab, ich hätte den besseren Blick, er aber zu große Hoffnungen gehabt. Und im Namen dieses Mannes wagst du mir Vorwürfe zu machen? Ich habe, das gibst du ja zu, als sein Freund gehandelt, du aber hast sein Hab und Gut geplündert![49]

Aber lassen wir diesen Krieg, in dem du eine gar zu glückliche Rolle gespielt hast. Ebensowenig werde ich dir wegen der Scherze antworten, die ich deiner Behauptung nach im Feldlager gemacht haben soll. Man hatte allerdings dort im Lager Sorgen genug; dennoch suchen die Menschen, eben weil sie Menschen sind, auch in noch so aufgeregten Zeiten bisweilen etwas Entspannung. (40) Wenn Antonius also in

idem maestitiam meam reprehendit, idem iocum, magno argumento est me in utroque fuisse moderatum.

Hereditates mihi negasti venire. Utinam hoc tuum verum crimen esset! plures amici mei et necessarii viverent. Sed qui istuc tibi venit in mentem? Ego enim amplius sestertium ducentiens acceptum hereditatibus rettuli. Quamquam in hoc genere fateor feliciorem esse te. Me nemo nisi amicus fecit heredem, ut cum illo commodo, si quod erat, animi quidam dolor iungeretur; te is quem tu vidisti numquam, L. Rubrius Casinas fecit heredem. (41) Et quidem vide quam te amarit is qui albus aterne fuerit ignoras. Fratris filium praeterit, Q. Fufi [filium], honestissimi equitis Romani suique amicissimi, quem palam heredem semper factitarat, ne nominat quidem; te, quem numquam viderat aut certe numquam salutaverat, fecit heredem. Velim mihi dicas, nisi molestum est, L. Turselius qua facie fuerit, qua statura, quo municipio, qua tribu. 'Nihil scio' inquies 'nisi quae praedia habuerit.' Igitur fratrem exheredans te faciebat heredem. In multas praeterea pecunias alienissimorum hominum vi eiectis veris heredibus, tamquam heres esset, invasit. (42) Quamquam hoc maxime admiratus sum, mentionem te hereditatum ausum esse facere, cum ipse hereditatem patris non adisses.

Haec ut conligeres, homo amentissime, tot dies in aliena

einem Atemzug meine Niedergeschlagenheit wie auch meinen Witz tadelt, dann spricht das doch dafür, daß ich in beidem Maß gehalten habe.[50]

Mir fiele fast nie eine Erbschaft zu, hast du weiter behauptet.[51] Wenn du mit diesem Vorwurf nur recht hättest! Dann wären nämlich noch mehrere meiner Freunde und Angehörigen am Leben. Aber wie kommst du eigentlich darauf? Ich habe doch mehr als 20 Millionen Sesterzen aus Vermächtnissen verbuchen können. Allerdings, das gebe ich zu, bist du auf diesem Gebiet besser dran als ich. Mich haben nur Freunde zum Erben eingesetzt, und so war mit dem Vorteil, wenn es denn einer war, immer auch schmerzliche Trauer verbunden. Dich aber setzten Leute zum Erben ein, die du nie gesehen hast, ein Lucius Rubrius aus Casinum[52] zum Beispiel. (41) Sieh nur, wie er dich geliebt haben muß, von dem du nicht einmal weißt, ob er weiß oder schwarz gewesen ist. Den Sohn seines Bruders übergeht er; ihn, den Sohn des Quintus Fufius, dieses ehrenwerten römischen Ritters, seines besten Freundes, nennt er überhaupt nicht, und dabei hatte er ihn immer öffentlich als seinen Erben bezeichnet. Aber dich, den er niemals gesehen oder dem er sicherlich niemals seine Aufwartung gemacht hat, dich hat er zum Erben eingesetzt! Sag mir doch bitte, wenn's dir keine besonderen Umstände macht, wie war's denn mit Lucius Turselius, wie sah er aus, wie war er von Gestalt? Aus welchem Ort kam er, welchem Stimmbezirk gehörte er an? »Keine Ahnung«, wirst du sagen, »ich weiß nur, welche Besitzungen er gehabt hat.« Aber seinen Bruder hat er enterbt und dich zum Erben eingesetzt. – Noch viele andere Vermögen wildfremder Menschen hat er an sich gerissen, als ob er der Erbe wäre, und die rechtmäßigen Erben mit Gewalt verdrängt. (42) Freilich habe ich mich am meisten über folgendes gewundert: Du hast es gewagt, von Erbschaften zu sprechen, dabei hast du selbst die Erbschaft deines Vaters nicht angetreten.[53]

Um das alles zusammenzuklauben, hast du, völlig verdreht

villa declamasti? quamquam tu quidem, ut tui familiarissimi dictitant, vini exhalandi, non ingeni acuendi causa declamitas. At vero adhibes ioci causa magistrum suffragio tuo et compotorum tuorum rhetorem, cui concessisti ut in te quae vellet diceret, salsum omnino hominem, sed materia facilis in te et in tuos dicta dicere. Vide autem quid intersit inter te et avum tuum. Ille sensim dicebat quod causae prodesset; tu cursim dicis aliena. (43) At quanta merces rhetori data est! Audite, audite, patres conscripti, et cognoscite rei publicae volnera. Duo milia iugerum campi Leontini Sex. Clodio rhetori adsignasti et quidem immunia, ut populi Romani tanta mercede nihil sapere disceres. Num etiam hoc, homo audacissime, ex Caesaris commentariis? Sed dicam alio loco et de Leontino agro et de Campano, quos iste agros ereptos rei publicae turpissimis possessoribus inquinavit.

Iam enim, quoniam criminibus eius satis respondi, de ipso emendatore et correctore nostro quaedam dicenda sunt. Nec enim omnia effundam, ut, si saepius decertandum sit, ut erit, semper novus veniam: quam facultatem mihi multitudo istius vitiorum peccatorumque largitur.

(44) Visne igitur te inspiciamus a puero? Sic opinor; a principio ordiamur. Tenesne memoria praetextatum te decoxisse? 'Patris' inquies 'ista culpa est.' Concedo. Etenim est

wie du bist, so viele Tage lang in einem fremden Haus[54] Redeübungen abgehalten? Das tust du freilich nicht, um deinen Geist zu schärfen, sondern, wie deine Busenfreunde versichern, um dich auszunüchtern. Ja, du nimmst dir spaßeshalber sogar einen Lehrer, der nach deinem Urteil und dem deiner Zechkumpane ein Rhetor ist. Ihm hast du die Freiheit eingeräumt, über dich zu sagen, was er will. Sicherlich ein witziger Typ, aber es findet sich ja leicht Stoff, um über dich und die Deinen Witze zu machen. Bedenke nur – welch ein Unterschied zwischen dir und deinem Großvater:[55] Er sprach mit Bedacht aus, was für die Sache von Nutzen war. Du aber springst von einem zum andern und redest von Dingen, die gar nicht zur Sache gehören. (43) Und was für ein Honorar hat der Redelehrer bekommen! Hört nur, hört, Senatoren, und erkennt daraus, welch einen Verlust der Staat dabei erlitten hat! 2000 Morgen Land im Gebiet von Leontini[56] hast du Sextus Clodius, deinem Redelehrer, zugewiesen – abgabenfrei auch noch – dafür daß du auf Kosten des römischen Volkes gelernt hast, nichts zu wissen. Stand das etwa auch in Caesars Nachlaßpapieren, du Unverschämter? Doch ich will an anderer Stelle[57] über die Ländereien von Leontini und Kampanien sprechen, die er dem Gemeinwesen entrissen hat und durch üble neue Besitzer verkommen läßt.

Zu seinen Anschuldigungen habe ich mich jetzt hinreichend geäußert, nun soll einiges über unseren Sitten- und Splitterrichter selbst gesagt sein. Ich will freilich nicht meinen ganzen Vorrat auf einmal erschöpfen, damit ich bei einem weiteren Waffengang, der sicher kommen wird, immer noch etwas Neues vorzubringen habe. Die Fülle seiner Sünden und Laster bietet mir dazu reiche Möglichkeiten.

(44) Sollen wir dich also von Kindesbeinen an einmal kritisch unter die Lupe nehmen? Ich meine schon. Beginnen wir ganz von vorn. Erinnerst du dich: Dem Knabenalter warst du noch nicht entwachsen, aber schon bankrott. »Das war die Schuld meines Vaters«, wirst du sagen. Das gestehe

pietatis plena defensio. Illud tamen audaciae tuae quod sedisti in quattuordecim ordinibus, cum esset lege Roscia decoctoribus certus locus constitutus, quamvis quis fortunae vitio, non suo decoxisset. Sumpsisti virilem, quam statim muliebrem togam reddidisti. Primo volgare scortum; certa flagiti merces nec ea parva; sed cito Curio intervenit qui te a meretricio quaestu abduxit et, tamquam stolam dedisset, in matrimonio stabili et certo conlocavit. (45) Nemo umquam puer emptus libidinis causa tam fuit in domini potestate quam tu in Curionis. Quotiens te pater eius domu sua eiecit, quotiens custodes posuit ne limen intrares? cum tu tamen nocte socia, hortante libidine, cogente mercede, per tegulas demitterere. Quae flagitia domus illa diutius ferre non potuit. Scisne me de rebus mihi notissimis dicere? Recordare tempus illud cum pater Curio maerens iacebat in lecto; filius se ad pedes meos prosternens, lacrimans, te mihi commendabat; orabat ut se contra suum patrem, si sestertium sexagiens peteret, defenderem; tantum enim se pro te intercessisse dicebat. Ipse autem amore ardens confirmabat, quod desiderium tui discidi ferre non posset, se in exsilium iturum. (46) Quo tempore ego quanta mala florentissimae familiae sedavi vel potius sustuli! Patri persuasi ut aes alienum fili dissolveret; redimeret adulescentem, summa spe et animi et ingeni praeditum, rei familiaris facultatibus eumque non modo tua familiaritate sed etiam congressione

ich dir zu. Diese Einrede zeugt überdies noch von kindlicher Liebe.[58] Aber das folgende ist deiner eigenen Unverfrorenheit zuzurechnen: Du hast im Theater in den ersten Parkettreihen gesessen, obwohl das Gesetz des Roscius[59] den Bankrotteuren einen eigenen Platz zugewiesen hat, selbst wenn jemand infolge der Umstände, nicht durch eigene Schuld Bankrott erlitten hat. Du zogst die Männertoga an, die du gleich zum Weiberrock gemacht hast. Zuerst als feile Dirne, mit festem und keineswegs geringem Sündenlohn. Aber alsbald tauchte Curio[60] auf. Er entzog dich dem sündigen Gewerbe und versetzte dich, so als hätte er dir das Gewand der Ehefrau angezogen, in einen festen und dauerhaften Ehestand. (45) Niemand ist je als gekaufter Lustknabe seinem Herrn so hörig gewesen wie du dem Curio. Wie oft hat Curios Vater dich nicht aus seinem Haus geworfen, wie oft hat er Wächter aufgestellt, damit du seine Schwelle nicht überschreiten solltest! Im Schutze der Nacht, aufgestachelt von der Begierde, getrieben von der Aussicht auf deinen Sündenlohn, hast du dich durchs Dach herabgelassen. Diese Schande konnte das Haus nicht länger ertragen. Du weißt wohl, daß ich von Dingen rede, die mir nur allzugut bekannt sind! Erinnere dich nur an die Zeit, als der Vater Curio tief bekümmert das Bett hüten mußte. Sein Sohn warf sich zu meinen Füßen nieder und bat mich unter Tränen, mich für dich zu verwenden. Er flehte, ich solle seinem Vater gegenüber als sein Fürsprecher auftreten, wenn er diesen um sechs Millionen Sesterzen angehe; für diese Summe habe er sich für dich verbürgt. Er aber versicherte voll glühender Liebeslust, er könne den Schmerz, von dir getrennt zu werden, nicht ertragen und werde sich in die Verbannung begeben. (46) Wieviel Leid habe ich damals in dieser hochangesehenen Familie gemildert oder vielmehr behoben! Den Vater habe ich überredet, die Schulden seines Sohnes zu bezahlen. Er sollte den hoffnungsvollen und begabten jungen Mann mit Hilfe des Familienvermögens freikaufen und ihm aufgrund väterlichen Rechts und väterlicher Gewalt die Freundschaft,

patrio iure et potestate prohiberet. Haec tu cum per me acta meminisses, nisi illis quos videmus gladiis confideres, maledictis me provocare ausus esses?

(47) Sed iam stupra et flagitia omittamus: sunt quaedam quae honeste non possum dicere; tu autem eo liberior quod ea in te admisisti quae a verecundo inimico audire non posses. Sed reliquum vitae cursum videte, quem quidem celeriter perstringam. Ad haec enim quae in civili bello, in maximis rei publicae miseriis fecit, et ad ea quae cotidie facit, festinat animus. Quae peto ut, quamquam multo notiora vobis quam mihi sunt, tamen, ut facitis, attente audiatis. Debet enim talibus in rebus excitare animos non cognitio solum rerum sed etiam recordatio; etsi incidamus, opinor, media ne nimis sero ad extrema veniamus.

(48) Intimus erat in tribunatu Clodio qui sua erga me beneficia commemorat; eius omnium incendiorum fax, cuius etiam domi iam tum quiddam molitus est. Quid dicam ipse optime intellegit. Inde iter Alexandream contra senatus auctoritatem, contra rem publicam et religiones; sed habebat ducem Gabinium, quicum quidvis rectissime facere posset. Qui tum inde reditus aut qualis? Prius in ultimam Galliam ex Aegypto quam domum. Quae autem domus? Suam enim quisque domum tum obtinebat nec erat usquam tua. Domum dico? Quid erat in terris ubi in tuo pedem poneres

ja jeglichen Umgang mit dir verbieten. Wenn du dich erinnerst, daß dies mein Werk war, wie kannst du es dann wagen, mich durch Schmähreden herauszufordern? Doch nur, weil du auf deine bewaffnete Garde vertraust, die wir hier vor uns sehen!

(47) Doch lassen wir Unzucht und Schande beiseite! Da gibt es Dinge, die ich anstandshalber nicht in den Mund nehmen kann. Du gehst ebendeshalb frei aus, weil du mit dir hast Dinge treiben lassen, die dein Gegner als anständiger Mensch nicht zur Sprache bringen kann. Aber seht euch nur seinen weiteren Lebenslauf an. Ich will ihn freilich nur rasch streifen, denn mich drängt es zur Schilderung seiner Taten im Bürgerkrieg, im tiefsten Unglück unseres Gemeinwesens, und zu seinem tagtäglichen Treiben. Das ist euch freilich noch besser bekannt als mir, doch bitte ich euch, mir wie bisher eure Aufmerksamkeit zu schenken. Solche Dinge verdienen ja nicht nur Entrüstung, wenn man davon erfährt, sondern auch dann, wenn sie erneut in Erinnerung gerufen werden. Die dazwischenliegenden Ereignisse werden wir kurz abtun, so meine ich, um möglichst bald zu den Geschehnissen der jüngsten Zeit zu kommen.

(48) Der Busenfreund eines Clodius war er während dessen Tribunat[61] – und da reibt er mir seine Verdienste um mich unter die Nase! Bei dessen sämtlichen Brandstiftungen hat er die Fackel angelegt, und in Clodius' Haus hat er schon damals seine Fäden gesponnen, er weiß selber am besten, wovon ich rede. Dann kam seine Reise nach Alexandria,[62] gegen den Willen des Senats, gegen die Interessen des Staates und der Religion. Aber er hatte einen Gabinius als Führer, und mit dem konnte er mit Fug und Recht alles ins Werk setzen. Wie kam er von dort zurück, wie war das mit seiner Heimkehr? Zuvor ging es von Ägypten aus ins hinterste Gallien, nicht etwa nach Hause. Was heißt aber auch: nach Hause? Jeder hatte damals noch sein Haus, nur du hattest nirgendswo eins. Ein Haus, sage ich? Wo gab es auf der ganzen Welt überhaupt einen Fleck, wo du auf eigenem

praeter unum Misenum quod cum sociis tamquam Sisaponem tenebas?

(49) Venis e Gallia ad quaesturam petendam. Aude dicere te prius ad parentem tuam venisse quam ad me. Acceperam iam ante Caesaris litteras ut mihi satis fieri paterer a te: itaque ne loqui quidem sum te passus de gratia. Postea sum cultus a te, tu a me observatus in petitione quaesturae; quod quidem tempore P. Clodium approbante populo Romano in foro es conatus occidere, cumque eam rem tua sponte conarere, non impulsu meo, tamen ita praedicabas, te non existimare, nisi illum interfecisses, umquam mihi pro tuis in me iniuriis satis esse facturum. In quo demiror cur Milonem impulsu meo rem illam egisse dicas, cum te ultro mihi idem illud deferentem numquam sim adhortatus. Quamquam, si in eo perseverares, ad tuam gloriam rem illam referri malebam quam ad meam gratiam.

(50) Quaestor es factus: deinde continuo sine senatus consulto, sine sorte, sine lege ad Caesarem cucurristi. Id enim unum in terris egestatis, aeris alieni, nequitiae perditis vitae rationibus perfugium esse ducebas. Ibi te cum et illius largitionibus et tuis rapinis explevisses, si hoc est explere,

Grund und Boden gestanden hättest? Außer höchstens das Haus in Misenum, an dem du mit anderen zusammen einen Anteil besaßest, so eine Art von Sisapo.[63]

(49) Du kamst aus Gallien, um dich um die Quaestur zu bewerben. Wage das zu leugnen: Du bist nicht zuerst zu deiner Mutter gegangen, sondern zu mir. Ich hatte schon vorher einen Brief von Caesar bekommen, ich möchte doch deine Entschuldigung annehmen.[64] So habe ich dich nicht einmal von Aussöhnung reden lassen. Daraufhin hast du mich hofiert, und ich habe dich bei der Bewerbung um die Quaestur gefördert. Damals hast du auf dem Forum den Versuch unternommen, Publius Clodius zu ermorden, wobei das römische Volk ganz auf deiner Seite war. Den Plan zu diesem Anschlag hast du ganz aus eigenem Antrieb heraus gefaßt, nicht auf mein Betreiben hin. Dennoch erklärtest du offen, du könntest mir deiner Überzeugung nach nur durch den Mord an Clodius jemals Genugtuung leisten für das Unrecht, das du mir angetan hättest. Hierbei muß ich mich wundern, daß du nun behauptest, Milo habe diese Tat auf mein Betreiben hin ausgeführt. Als du mir aus freien Stücken den gleichen Dienst antrugst, habe ich dich doch mit keinem Wort dazu ermutigt. Im übrigen würde ich, falls du bei deinem Vorsatz geblieben wärest, diese Tat eher deiner Ruhmbegierde zuschreiben als dem Willen, mir zu helfen.

(50) Du wurdest zum Quaestor ernannt. Daraufhin warfst du dich alsbald Caesar in die Arme, ohne auf einen Senatsbeschluß, ohne auf den Losbescheid oder die gesetzlichen Verfügungen zu warten.[65] Bei ihm schien dir der einzige Zufluchtsort auf Erden zu sein für deine Geldnöte, deine Schuldenlast, deine Liederlichkeit, nachdem du alle Möglichkeiten einer anständigen Lebensführung verspielt hattest. Dort hast du dir mit seinen Zuwendungen und deinen Räubereien den Beutel gefüllt – sofern man da vom Füllen sprechen kann: verschlingen, was einer sogleich wieder von sich gibt. Völlig abgebrannt hast du dich dann auf das

devorare quod statim effundas, advolasti egens ad tribunatum, ut in eo magistratu, si posses, viri tui similis esses. Accipite nunc, quaeso, non ea quae ipse in se atque in domesticum decus impure et intemperanter, sed quae in nos fortunasque nostras, id est in universam rem publicam, impie ac nefarie fecerit. Ab huius enim scelere omnium malorum principium natum reperietis. (51) Nam cum L. Lentulo C. Marcello consulibus Kalendis Ianuariis labentem et prope cadentem rem publicam fulcire cuperetis ipsique C. Caesari, si sana mente esset, consulere velletis, tum iste venditum atque emancipatum tribunatum consiliis vestris opposuit cervicesque suas ei subiecit securi qua multi minoribus in peccatis occiderunt. In te, M. Antoni, id decrevit senatus et quidem incolumis, nondum tot luminibus exstinctis quod in hostem togatum decerni est solitum more maiorum. Et tu apud patres conscriptos contra me dicere ausus es, cum ab hoc ordine ego conservator essem, tu hostis rei publicae iudicatus? Commemoratio illius tui sceleris intermissa est, non memoria deleta. Dum genus hominum, dum populi Romani nomen exstabit – quod quidem erit, si per te licebit, sempiternum – tua illa pestifera intercessio nominabitur. (52) Quid cupide a senatu, quid temere fiebat, cum tu unus adulescens universum ordinem decernere de salute rei publicae prohibuisti, neque semel, sed saepius, neque tu tecum de senatus auctoritate agi passus es? quid

Tribunat gestürzt, um es in diesem Amt deinem »Manne« nach Kräften gleichzutun.[66]
Nun vernehmt doch, nicht wie lasterhaft und liederlich er gegen seine Familienehre verfuhr, sondern was er uns und unserem Hab und Gut, das heißt dem ganzen Gemeinwesen, pflichtvergessen und schmählich angetan hat. Ihr werdet sehen, daß sein verbrecherisches Verhalten allem Unheil Tür und Tor geöffnet hat. (51) Am 1. Januar im Konsulatsjahr des Lucius Lentulus und Gaius Marcellus [49] wart ihr bestrebt, das wankende und dem Zusammenbruch nahe Gemeinwesen zu stützen.[67] Ihr wart sogar bereit, Iulius Caesar die Hand zu reichen, wenn er nur Vernunft annehme. Da stellte dieser hier sich mit seinem verkauften und verhandelten Tribunenamt euren Beschlüssen in den Weg und weihte damit seinen Nacken dem Beil, unter dem schon manche für geringere Straftaten den Tod gefunden hatten. Gegen dich, Marcus Antonius, hat der Senat damals diesen Beschluß gefaßt[68] – der Senat als intakte Körperschaft, der noch nicht so vieler seiner Leuchten beraubt war – ein Urteil, wie es nach Sitte der Vorfahren gewöhnlich gegen einen Staatsfeind aus den Reihen der eigenen Bürger ergeht. Und da hast du die Frechheit, vor den Senatoren gegen mich zu sprechen, obwohl der Senat mich zum Erretter, dich aber zum Feind des Staates erklärt hat? Von dieser deiner schlimmen Tat ist lange nicht die Rede gewesen, vergessen ist sie aber keineswegs. Solange das Menschengeschlecht, solange der Name des römischen Volkes Bestand haben wird – ewig wird das sein, wenn es dir zum Trotz möglich ist –, solange wird man auch von deinem verhängnisvollen Veto sprechen. (52) Was war übereilt, was unüberlegt von allem, was der Senat tat, als du, ein einzelner junger Bursche, das gesamte Gremium daran gehindert hast, einen Beschluß zur Rettung des Staates zu fassen, und das nicht nur einmal, sondern öfter, und du warst nicht bereit, über die Entschließung des Senats zu verhandeln. Worum ging es denn? Doch nur darum, dich von deiner Absicht abzubrin-

autem agebatur nisi ne deleri et everti rem publicam funditus velles, cum te neque principes civitatis rogando neque maiores natu monendo neque frequens senatus agendo de vendita atque addicta sententia movere potuit? Tum illud multis rebus ante temptatis necessario tibi volnus inflictum est quod paucis ante te, quorum incolumis fuit nemo: (53) tum contra te dedit arma hic ordo consulibus reliquisque imperiis et potestatibus: quae non effugisses, nisi te ad arma Caesaris contulisses.

Tu, tu, inquam, M. Antoni, princeps C. Caesari omnia perturbare cupienti causam belli contra patriam ferendi dedisti. Quid enim aliud ille dicebat, quam causam sui dementissimi consili et facti adferebat, nisi quod intercessio neglecta, ius tribunicium sublatum, circumscriptus a senatu esset Antonius? Omitto quam haec falsa, quam levia, praesertim cum omnino nulla causa iusta cuiquam esse possit contra patriam arma capiendi. Sed nihil de Caesare: tibi certe confitendum est causam perniciosissimi belli in persona tua constitisse. (54) O miserum te, si haec intellegis, miseriorem, si non intellegis hoc litteris mandari, hoc memoriae prodi, huius rei ne posteritatem quidem omnium saeculorum umquam immemorem fore, consules ex Italia expulsos, cumque eis Cn. Pompeium quod imperi populi Romani decus ac lumen fuit, omnis consularis qui per valetudinem exsequi cladem illam fugamque potuissent, praetores, praetorios, tribunos plebis, magnam partem senatus, omnem

gen, den Staat von Grund auf zu zerstören und zu vernichten. Dich konnten weder die Bitten führender Männer der Bürgerschaft noch die Ermahnungen der Ältesten, noch die Verhandlungen des zahlreich versammelten Senats von deinem verkauften und bezahlten Veto abbringen. Nach vielen Versuchen, dich umzustimmen, wurde dir da notgedrungen diese Wunde geschlagen, wie sie einige wenige vor dir getroffen hat, von denen aber keiner mit dem Leben davonkam. (53) Damals gab der Senat den Konsuln und den Kommandoführern und Amtsträgern die Waffen gegen dich in die Hand. Du wärest nicht davongekommen, hättest du dich nicht zu den Waffen Caesars geflüchtet.

Du, Marcus Antonius, ich wiederhole es, du hast als erster Iulius Caesar bei seinen Umsturzplänen einen Anlaß zum Krieg gegen das Vaterland an die Hand gegeben! Was sagte er denn anderes, welchen Grund gab er sonst für sein Wahnsinnsunternehmen an? Doch nur das eine: Das Veto sei nicht berücksichtigt worden, das Recht des Volkstribunen aufgehoben, und Antonius sei vom Senat in der Ausübung seines Amtes eingeschränkt worden. Ich will nicht davon sprechen, wie unwahr, wie läppisch diese Behauptungen sind, zumal es schließlich überhaupt keinen gerechten Grund für jemand gibt, gegen sein Vaterland die Waffen zu ergreifen. Doch lassen wir Caesar – du mußt eingestehen, daß du in deiner Person den Anlaß zu dem ungeheuer verhängnisvollen Krieg geboten hast. (54) Erbärmlich bist du, wenn du begreifst, und noch erbärmlicher, wenn du nicht begreifst, daß dies in die Geschichte eingehen und der Nachwelt überliefert werden wird und daß die künftigen Geschlechter aller Zeiten dies niemals vergessen werden: Die Konsuln wurden aus Italien vertrieben und mit ihnen Gnaeus Pompeius, die Zierde und Leuchte der Herrschaft des römischen Volkes, ebenso alle die früheren Konsuln, soweit es ihnen ihr Gesundheitszustand erlaubte, sich dieser Flucht und Vertreibung anzuschließen. Dazu die derzeitigen und ehemaligen Praetoren und Volkstribunen, ein Großteil des

subolem iuventutis, unoque verbo rem publicam expulsam atque exterminatam suis sedibus! (55) Ut igitur in seminibus est causa arborum et stirpium, sic huius luctuosissimi belli semen tu fuisti. Doletis tris exercitus populi Romani interfectos: interfecit Antonius. Desideratis clarissimos civis: eos quoque vobis eripuit Antonius. Auctoritas huius ordinis adflicta est: adflixit Antonius. Omnia denique, quae postea vidimus – quid autem mali non vidimus? – si recte ratiocinabimur, uni accepta referemus Antonio. Ut Helena Troianis, sic iste huic rei publicae belli causa, causa pestis atque exiti fuit.

Reliquae partes tribunatus principi similes. Omnia perfecit quae senatus salva re publica ne fieri possent profecerat. Cuius tamen scelus in scelere cognoscite. (56) Restituebat multos calamitosos: in eis patrui nulla mentio. Si severus, cur non in omnis? si misericors, cur non in suos? Sed omitto ceteros: Licinium Lenticulam de alea condemnatum, conlusorem suum, restituit, quasi vero ludere cum condemnato non liceret, sed ut quod in alea perdiderat beneficio legis dissolveret. Quam attulisti rationem populo Romano cur eum restitui oporteret? Absentem, credo, in reos relatum; rem indicta causa iudicatam; nullum fuisse de alea lege iudicium; vi oppressum et armis; postremo, quod de patruo

Senats, die gesamte waffenfähige Jugend – mit einem Wort: das Gemeinwesen wurde aus seinen Wohnsitzen verjagt und vertrieben! (55) Wie im Samen der Keim für Baum und Strauch liegt, so bist du der Samen für diesen leidvollen Krieg gewesen. Ihr beklagt die Vernichtung dreier Heere des römischen Volkes:[69] Antonius hat ihnen den Tod gebracht. Ihr vermißt hochangesehene Mitbürger: auch sie hat Antonius euch entrissen. Das Ansehen des Senats hat gelitten: Antonius hat ihm diesen Schaden zugefügt. All das schließlich, was wir später noch erleben mußten – und welches Unheil ist uns erspart geblieben? – das müssen wir bei richtiger Überlegung allein dem Antonius anlasten. Wie Helena für die Trojaner, so ist dieser für unseren Staat der Anlaß zum Krieg, die Ursache für Unheil und Verderben geworden.

Der übrige Verlauf seines Tribunats entsprach dem Anfang. Alles setzte er durch, was der Senat, als der Staat noch heil war, hatte verhindern wollen. Hört nur, wie bei ihm die Verbrechen Hand in Hand gingen. (56) Er setzte viele Geschädigte wieder in ihre bürgerlichen Rechte ein. Aber von seinem Oheim[70] war niemals die Rede. Wenn er streng sein wollte, warum war er es dann nicht allen gegenüber? Wollte er Milde walten lassen, warum dann nicht gegen die Seinen? Um alle anderen Fälle beiseite zu lassen: Licinius Lenticula war wegen Glücksspiels verurteilt, er war der Partner des Antonius beim Spiel, und ihn hat er rehabilitiert – gerade so, als ob es nicht erlaubt sei, mit einem Verurteilten ein Spiel zu machen; in Wirklichkeit aber um sich durch den Mißbrauch des Gesetzes zu seinen Gunsten von seinen Spielschulden freizukaufen. Welchen Grund hast du dem römischen Volk gegenüber angegeben, daß man diesen Mann nach Recht und Billigkeit rehabilitieren müsse? Er ist wohl in Abwesenheit angeklagt und ohne Verhör verurteilt worden? Oder das Urteil erfolgte nicht gemäß dem Gesetz über unerlaubtes Glücksspiel, es wurde vielmehr unter Waffengewalt erpreßt? Schließlich – wie es bei deinem Onkel

tuo dicebatur, pecunia iudicium esse corruptum? Nihil horum. 'At vir bonus et re publica dignus.' Nihil id quidem ad rem; ego tamen, quoniam condemnatum esse pro nihilo est, si ita esset, ignoscerem. Hominem omnium nequissimum qui non dubitaret vel in foro alea ludere, lege quae est de alea condemnatum qui in integrum restituit, is non apertissime studium suum ipse profitetur?

(57) In eodem vero tribunatu, cum Caesar in Hispaniam proficiscens huic conculcandam Italiam tradidisset, quae fuit eius peragratio itinerum, lustratio municipiorum! Scio me in rebus celebratissimis omnium sermone versari, eaque quae dico dicturusque sum notiora esse omnibus qui in Italia tum fuerunt quam mihi qui non fui: notabo tamen singulas res, etsi nullo modo poterit oratio mea satis facere vestrae scientiae. Etenim quod umquam in terris tantum flagitium exstitisse auditum est, tantam turpitudinem, tantum dedecus? (58) Vehebatur in essedo tribunus plebis; lictores laureati antecedebant, inter quos aperta lectica mima portabatur, quam ex oppidis municipales homines honesti, obviam necessario prodeuntes, non noto illo et mimico nomine, sed Volumniam consalutabant. Sequebatur raeda cum lenonibus, comites nequissimi; reiecta mater amicam impuri fili tamquam nurum sequebatur. O miserae mulieris fecunditatem calamitosam! Horum flagitiorum iste vestigiis omnia municipia, praefecturas, colonias, totam denique Italiam impressit.

(59) Reliquorum factorum eius, patres conscripti, difficilis

gewesen sein soll – das Urteil erging aufgrund von Bestechung? Nichts von alledem. »Er ist ein redlicher Mann und der bürgerlichen Ehrenrechte würdig.« Das hat freilich nichts mit seinem Gerichtsfall zu tun, aber wenn es so wäre, dann hätte ich nichts dagegen; es macht ja offensichtlich nichts aus, daß er verurteilt ist. Aber wer solch einen nichtswürdigen Kerl begnadigt, der sich nicht scheut, auf dem Forum Würfel zu spielen und der nach dem Gesetz gegen Glücksspiel verurteilt ist – wer den rehabilitiert, der bekennt sich damit doch ganz offen zu seiner eigenen Spielleidenschaft!

(57) Es war noch in seinem Tribunat: Caesar ging nach Spanien und überließ ihm Italien zum Spielball. Wie zog er da auf den Straßen einher, was hielt er für Aufzüge in den Landstädten! Ich weiß, ich bin da bei nur allzugut bekannten Dingen, die allerorts Gesprächsstoff waren. Was ich sage und noch sagen werde, das wissen diejenigen, die damals in Italien waren, noch besser als ich, denn ich war nicht da.[71] Ich will dennoch einige Punkte zur Sprache bringen, wenn meine Worte auch mit eurer genauen Kenntnis nicht mithalten können. Hat man denn je auf Erden von solcher Sünde und Schande, solcher Ehrvergessenheit gehört? (58) In einer gallischen Kutsche fuhr er einher, er als Volkstribun! Lorbeerbekränzte Liktoren schritten ihm voran, zwischen ihnen trug man in offener Sänfte die Schmierenkomödiantin einher. Die ehrbaren Bürger aus den Landstädten mußten ihr entgegenziehen und sie begrüßen: nicht mit ihrem allbekannten Bühnennamen, sondern als Volumnia![72] Dann folgte ein Reisewagen mit Kupplern, die nichtswürdigsten Kerle als sein Gefolge. An den Schluß verwiesen, mußte die Mutter der Freundin ihres sauberen Sohnes nachfolgen und die Rolle der Schwiegermutter spielen. Bedauernswertes Weib mit deinem unseligen Früchtchen! Solche Schandmale drückte er allen Land- und Kreisstädten und Kolonien, kurz dem gesamten Italien auf!

(59) Seine sonstigen Taten einer kritischen Betrachtung zu

est sane reprehensio et lubrica. Versatus in bello est; saturavit se sanguine dissimillimorum sui civium: felix fuit, si potest ulla in scelere esse felicitas. Sed quoniam veteranis cautum esse volumus, quamquam dissimilis est militum causa et tua – illi secuti sunt, tu quaesisti ducem – tamen, ne apud illos me in invidiam voces, nihil de genere belli dicam. Victor e Thessalia Brundisium cum legionibus revertisti. Ibi me non occidisti. Magnum beneficium! potuisse enim fateor. Quamquam nemo erat eorum qui tum tecum fuerunt qui mihi non censeret parci oportere. (60) Tanta est enim caritas patriae ut vestris etiam legionibus sanctus essem, quod eam a me servatam esse meminissent. Sed fac id te dedisse mihi quod non ademisti, meque a te habere vitam, quia non a te sit erepta: licuitne mihi per tuas contumelias hoc tuum beneficium sic tueri ut tuebar, praesertim cum te haec auditurum videres?

(61) Venisti Brundisium, in sinum quidem et in complexum tuae mimulae. Quid est? num mentior? Quam miserum est id negare non posse quod sit turpissimum confiteri! Si te municipiorum non pudebat, ne veterani quidem exercitus? Quis enim miles fuit qui Brundisi illam non viderit? quis qui nescierit venisse eam tibi tot dierum viam gratulatum? quis qui non indoluerit tam sero se quam nequam hominem secutus esset cognoscere?

(62) Italiae rursus percursatio eadem comite mima; in oppida

unterziehen ist schwierig und eine bedenkliche Sache. Er tummelte sich im Krieg; er sättigte sich am Blut von Mitbürgern, besseren als er selbst – er war glücklich, sofern es im Verbrechen überhaupt ein Glück gibt. Da wir bestrebt sind, den Veteranen Sicherheit zu leisten[73] – freilich sieht die Sache für die Soldaten ganz anders aus als für dich; sie sind nur ihrem Führer gefolgt, du hast ihn dir ausgesucht –, so will ich mich nicht über die Art dieses Krieges auslassen, du könntest sonst die Veteranen gegen mich aufhetzen. Als Sieger kehrtest du an der Spitze der Legionen aus Thessalien nach Brundisium zurück. Dort hast du mich nicht umgebracht. Welch ein großes Entgegenkommen! Du hättest es nämlich gekonnt, das gebe ich zu. Freilich war jedermann aus deiner Umgebung damals der Meinung, du müßtest mich schonen. (60) Soviel vermag nämlich die Liebe zum Vaterland, daß ich sogar für eure Legionen unangreifbar war, weil sie daran dachten, daß es von mir gerettet worden war. Aber gesetzt den Fall, du hättest mir geschenkt, was du mir nicht genommen hast, und ich verdankte dir mein Leben, weil du es mir nicht geraubt hast: Konnte ich bei deinen beleidigenden Angriffen deine Wohltat weiterhin so würdigen, wie ich es damals tat? Du mußtest doch voraussehen, daß ich dir solche Dinge einmal vorhalten würde.

(61) Du kamst also nach Brundisium, in den Schoß und in die Arme deiner Komödiantin. Wie? Sage ich etwas Falsches? Peinlich, wenn man nicht leugnen kann, was zuzugeben äußerst schmachvoll ist. Wenn du dich schon vor der Landbevölkerung nicht geniert hast, hast du dich nicht geschämt vor den altgedienten Soldaten? Kein Soldat, der die Person nicht in Brundisium gesehen hätte. Keiner, der nicht wußte, daß sie mehrere Tagereisen lang unterwegs gewesen war, um dich zu beglückwünschen. Keiner, der nicht betrübt war, als er zu spät erkennen mußte, welch einem Nichtsnutz er gefolgt war.

(62) Wieder kutschiert er durch Italien, die Komödiantin immer dabei. In den Landstädten die Einquartierung der

militum crudelis et misera deductio; in urbe auri, argenti maximeque vini foeda direptio. Accessit ut Caesare ignaro, cum esset ille Alexandreae, beneficio amicorum eius magister equitum constitueretur. Tum existimavit se suo iure cum Hippia vivere et equos vectigalis Sergio mimo tradere; tum sibi non hanc quam nunc male tuetur, sed M. Pisonis domum ubi habitaret legerat. Quid ego istius decreta, quid rapinas, quid hereditatum possessiones datas, quid ereptas proferam? Cogebat egestas; quo se verteret non habebat: nondum ei tanta a L. Rubrio, non a L. Turselio hereditas venerat; nondum in Cn. Pompei locum multorumque aliorum qui aberant repentinus heres successerat. Erat vivendum latronum ritu, ut tantum haberet, quantum rapere potuisset.

(63) Sed haec quae robustioris improbitatis sunt, omittamus: loquamur potius de nequissimo genere levitatis. Tu istis faucibus, istis lateribus, ista gladiatoria totius corporis firmitate tantum vini in Hippiae nuptiis exhauseras ut tibi necesse esset in populi Romani conspectu vomere postridie. O rem non modo visu foedam sed etiam auditu! Si inter cenam in ipsis tuis immanibus illis poculis hoc tibi accidisset, quis non turpe duceret? In coetu vero populi Romani negotium publicum gerens, magister equitum, cui ructare turpe esset, is vomens frustis esculentis vinum redolentibus gremium suum et totum tribunal implevit. Sed haec ipse fatetur esse in suis sordibus: veniamus ad splendida.

Soldaten, beklagenswert in ihrer Härte! Hier in Rom die abstoßende Plünderung von Gold und Silber, nicht zu vergessen die Unmengen von Wein! Dazu kommt noch, daß er ohne Wissen Caesars – dieser war ja in Alexandria – durch Vermittlung seiner Freunde zum Magister equitum ernannt wurde. Da glaubte er denn, es wäre sein gutes Recht, mit einem Hippias[74] zusammenzuleben und dem Possenreißer Sergius staatseigene Pferde zu überlassen. Damals hatte er noch nicht dieses Haus, das er nur mit Mühe noch hält,[75] sondern das des Marcus Piso zum Wohnsitz erwählt. Was soll ich all seine Erlasse aufzählen, seine Räubereien, die Besitzungen aus Erbschaften, die ihm zuteil wurden, oder die er gewaltsam an sich brachte? Sein Geldmangel zwang ihn dazu, er wußte nicht mehr aus noch ein. Noch war ihm die große Erbschaft von Lucius Rubrius und die von Lucius Turselius[76] nicht zugefallen, noch hatte er nicht als unvermuteter Erbe die Stelle des Gnaeus Pompeius und vieler anderer abwesender Personen eingenommen. Er mußte nach Art eines Räubers leben: Er hatte immer gerade soviel, wie er an sich raffen konnte.

(63) Doch lassen wir diese Zeugnisse handfester Gaunerei, reden wir vielmehr von seiner allerschändlichsten Liederlichkeit. Du mit deinem Riesenschlund, deinem Leibesumfang und deiner ganzen robusten Gladiatorenfigur hattest auf der Hochzeit des Hippias soviel Wein ausgesoffen, daß du am Tag darauf vor den Augen des römischen Volkes kotzen mußtest! Ekelhaft, wenn man das mitansieht, ja wenn man nur davon hört! Wäre dir das bei deinen Gelagen mit deiner üblichen maßlosen Sauferei passiert, hätte man es schon schlimm gefunden. Aber vor dem versammelten römischen Volk, bei der Ausübung seiner Amtspflichten, als Magister equitum, für den doch ein Rülpsen schon blamabel wäre, da übergibt sich dieser Mensch und spuckt seinen Schoß und das ganze Tribunal voll mit weinstinkenden Essensbrocken. – Aber er gibt selbst zu, das gehöre zu seinen Unflätigkeiten; kommen wir also zu feineren Dingen.

(64) Caesar Alexandrea se recepit, felix, ut sibi quidem videbatur, mea autem sententia, qui rei publicae sit infelix, felix esse nemo potest. Hasta posita pro aede Iovis Statoris bona Cn. Pompei – miserum me! consumptis enim lacrimis tamen infixus animo haeret dolor – bona, inquam, Cn. Pompei Magni voci acerbissimae subiecta praeconis. Una in illa re servitutis oblita civitas ingemuit servientibusque animis, cum omnia metu tenerentur, gemitus tamen populi Romani liber fuit. Exspectantibus omnibus quisnam esset tam impius, tam demens, tam dis hominibusque hostis qui ad illud scelus sectionis auderet accedere, inventus est nemo praeter Antonium, praesertim cum tot essent circum hastam illam qui alia omnia auderent: unus inventus est qui id auderet quod omnium fugisset et reformidasset audacia. (65) Tantus igitur te stupor oppressit vel, ut verius dicam, tantus furor ut primum, cum sector sis isto loco natus, deinde cum Pompei sector, non te exsecratum populo Romano, non detestabilem, non omnis tibi deos, non omnis homines et esse inimicos et futuros scias? At quam insolenter statim helluo invasit in eius viri fortunas cuius virtute terribilior erat populus Romanus exteris gentibus, iustitia carior! In eius igitur viri copias cum se subito ingurgitasset, exsultabat gaudio persona de mimo, modo egens, repente dives. Sed, ut est apud poetam nescio quem 'male parta male dilabuntur.' (66) Incredibile ac simile portenti est quonam

(64) Caesar kam aus Alexandria zurück, glücklich, wie er selbst glaubte;[77] nach meiner Ansicht kann freilich niemand glücklich sein, wenn er ein Unglück für den Staat ist. Die Lanze wird vor dem Tempel des Iuppiter Stator aufgesteckt, und das Hab und Gut des Gnaeus Pompeius – ach, meine Tränen sind zwar versiegt, der Schmerz aber haftet tief in meiner Seele – das Hab und Gut des Pompeius Magnus, sage ich, wurde von der mißtönenden Stimme des Herolds zur Versteigerung ausgeboten. Das war das einzige Mal, daß die Bürger das Joch ihrer Knechtschaft vergaßen und murrten. Auf den Gemütern aller lastete die Sklaverei, Furcht hielt sie gefangen, aber die Freiheit zu seufzen besaß das römische Volk noch. Alle warteten gespannt, wer denn wohl so rücksichtslos, so vermessen, den Göttern und Menschen so feind sei, daß er es wagen würde, bei dieser verbrecherischen Versteigerung zu bieten. Es fand sich keiner, außer Antonius. Dabei standen rings um die Lanze genügend Leute von der Sorte, die sonst vor nichts zurückschreckten. Ein einziger fand sich für das Wagnis, vor dem die anderen bei all ihrer Verwegenheit scheu zurückbebten.

(65) Eine solche Gefühllosigkeit, besser gesagt, Blindwütigkeit beherrschte dich, daß du gar nicht merkst, wie dich das römische Volk haßt und verabscheut, wie du allen Göttern und Menschen jetzt und künftighin feind bist. Zuerst weil du, ein Mann von Adel, unter die Güterschlächter gegangen bist, dann weil es ein Pompeius ist, den du ausplünderst! Aber wie hemmungslos macht sich der Verschwender sogleich über die Güter dieses Mannes her, durch dessen Tapferkeit Rom bei fremden Völkern noch gefürchteter, durch dessen Gerechtigkeit es aber noch beliebter wurde.

Als er sich nun kopfüber in die reiche Hinterlassenschaft dieses Mannes hineingestürzt hatte, da war er außer sich vor Freude, ganz im Stil einer Komödienfigur: gerade noch arm, dann unverhofft reich. Aber, wie es beim Dichter heißt: »Wie gewonnen, so zerronnen.«[78] (66) Unglaublich ist's, geradezu abenteuerlich, wie er diese Fülle von Schätzen in

modo illa tam multa quam paucis non dico mensibus sed diebus effuderit. Maximus vini numerus fuit, permagnum optimi pondus argenti, pretiosa vestis, multa et lauta supellex et magnifica multis locis, non illa quidem luxuriosi hominis, sed tamen abundantis. Horum paucis diebus nihil erat. (67) Quae Charybdis tam vorax? Charybdin dico? quae si fuit, animal unum fuit: Oceanus, me dius fidius, vix videtur tot res tam dissipatas, tam distantibus in locis positas tam cito absorbere potuisse. Nihil erat clausum, nihil obsignatum, nihil scriptum. Apothecae totae nequissimis hominibus condonabantur; alia mimi rapiebant, alia mimae; domus erat aleatoribus referta, plena ebriorum; totos dies potabatur atque id locis pluribus; suggerebantur etiam saepe – non enim semper iste felix – damna aleatoria; conchyliatis Cn. Pompei peristromatis servorum in cellis lectos stratos videres. Quam ob rem desinite mirari haec tam celeriter esse consumpta. Non modo unius patrimonium quamvis amplum, ut illud fuit, sed urbis et regna celeriter tanta nequitia devorare potuisset. At idem aedis etiam et hortos. (68) O audaciam immanem! tu etiam ingredi illam domum ausus es, tu illud sanctissimum limen intrare, tu illarum aedium dis penatibus os impurissimum ostendere? Quam domum aliquamdiu nemo aspicere poterat, nemo sine lacrimis praeterire, hac te in domo tam diu deversari non pudet? in qua, quamvis nihil sapias, tamen nihil tibi potest esse iucundum. An tu illa in vestibulo rostra cum aspexisti,

wenigen – nein, nicht Monaten, sondern Tagen verschleudert hat. Da gab es überaus reiche Vorräte an Wein, eine bedeutende Menge an feinstem Silber, kostbare Teppiche, reichlichen und luxuriösen Hausrat, allenthalben aufs prächtigste, wie man ihn bei Leuten findet, die nicht gerade damit protzen, aber doch übergenug davon haben. Von all diesen Dingen war innerhalb weniger Tage nichts mehr vorhanden.
(67) Welche Charybdis ist so gefräßig? Eine Charybdis, sage ich? Wenn es diese wirklich gegeben hat, dann war sie doch nur ein einzelnes Wesen: Der Ozean hätte, weiß Gott, all diese weit verstreuten, an so vielen verschiedenen Orten gelagerten Schätze kaum so rasch verschlingen können. Nichts war verschlossen, nichts versiegelt, nichts auf Inventarlisten verzeichnet. Ganze Weinlager wurden an nichtsnutziges Gesindel verschenkt; hier räuberten Komödianten, dort Komödiantinnen. Das Haus war voll mit Glücksspielern, übervoll mit Betrunkenen. Ganze Tage gingen hin mit Zechgelagen, und das allerorten. Dazu kamen dann auch öfters Verluste beim Spiel, denn nicht immer war er der Glückliche. Mit den Purpurdecken des Gnaeus Pompeius konnte man die Betten in den Sklavenkammern bedeckt sehen. Daher sollt ihr euch nicht länger darüber wundern, wohin das alles so rasch verschwunden ist. Nicht nur das Hab und Gut eines einzelnen, mag es auch so reich wie dieses hier gewesen sein, nein, ganze Städte und Königreiche wären bei solch liederlichem Treiben im Nu durchgebracht. Und geradeso ging es mit Häusern und Gärten.
(68) Was für eine bodenlose Frechheit! Du hast es gewagt, jenes Haus zu betreten, deinen Fuß über die geheiligte Schwelle zu setzen, du hast den Schutzgöttern dieses Anwesens deine verkommene Visage gezeigt? Niemand konnte lange Zeit dieses Haus überhaupt nur ansehen, niemand ohne Tränen daran vorbeigehen, und du schämst dich nicht, so lange darin zu hausen? In diesem Haus kann doch, magst du auch noch so borniert sein, nichts angenehm auf dich wirken. Wenn du in der Vorhalle die erbeuteten Schiffs-

domum tuam te introire putas? Fieri non potest. Quamvis enim sine mente, sine sensu sis, ut es, tamen et te et tua et tuos nosti. Nec vero te umquam neque vigilantem neque in somnis credo posse mente consistere. Necesse est, quamvis sis, ut es, vinolentus et furens, cum tibi obiecta sit species singularis viri, perterritum te de somno excitari, furere etiam saepe vigilantem. (69) Me quidem miseret parietum ipsorum atque tectorum. Quid enim umquam domus illa viderat nisi pudicum, quid nisi ex optimo more et sanctissima disciplina? Fuit enim ille vir, patres conscripti, sicuti scitis, cum foris clarus tum domi admirandus, neque rebus externis magis laudandus quam institutis domesticis. Huius in sedibus pro cubiculis stabula, pro conclavibus popinae sunt. Etsi iam negat. Nolite quaerere; frugi factus est: illam suam suas res sibi habere iussit, ex duodecim tabulis clavis ademit, exegit. Quam porro spectatus civis, quam probatus! Cuius ex omni vita nihil est honestius quam quod cum mima fecit divortium. (70) At quam crebro usurpat: 'et consul et Antonius!' Hoc est dicere, et consul et impudicissimus, et consul et homo nequissimus. Quid est enim aliud Antonius? Nam si dignitas significaretur in nomine, dixisset, credo, aliquando avus tuus se et consulem et Antonium. Numquam dixit. Dixisset etiam conlega meus, patruus tuus, nisi si tu es solus Antonius.

Sed omitto ea peccata quae non sunt earum partium propria

schnäbel siehst, hast du dann etwa das Gefühl, in dein eigenes Haus zu kommen? Das kann doch nicht sein. Denn magst du auch ganz ohne Sinn und Verstand sein – du bist's wohl wirklich –, so kennst du doch dich selber, sowie was und wer zu dir gehört. Du kannst doch, meine ich, weder im Wachen noch im Schlaf jemals Ruhe finden. Magst du sein, wie du willst, im Rausch und Taumel, so mußt du doch, wenn dir das Bild des einzigartigen Mannes vor Augen tritt, vor Schreck aus dem Schlaf auffahren, öfters auch im Wachen von heftigem Schauder ergriffen werden. (69) Mich dauern sogar Wände und Dächer. War es doch in diesem Hause niemals anders als ehrbar zugegangen, mit höchstem Anstand und zuchtvollem Betragen. Jener Mann bot ja, ihr wißt es, Senatoren, im Feld ein glänzendes Beispiel und war zu Hause ein bewundertes Vorbild. Für seine Kriegstaten verdient er nicht mehr Lob als für sein häusliches Leben. Heute aber sind in seinem Hause die Schlafgemächer zu Bordellen und die Speisezimmer zu Kneipen geworden. Freilich, das streitet er nun ab. Fragt nicht weiter nach: Er ist zum Tugendbold geworden. Von der besagten Person hat er sich scheiden lassen, hat ihr, streng nach dem Zwölftafelgesetz, die Schlüssel abgefordert und sie vor die Tür gesetzt. Was für eine Zierde der Bürgerschaft, welch ein Ehrenmann! Das war wohl die einzige ehrbare Tat in seinem ganzen Leben, daß er mit der Komödiantin Schluß gemacht hat. (70) Aber wie oft brüstet er sich: »Ich, der Konsul, ich, Antonius!« Das ist, als wollte einer sagen: Ich bin Konsul und ein Liederjan, ich bin Konsul und ein Nichtsnutz. Denn was ist Antonius anderes? Wenn sich im Namen ein bestimmter Rang ausdrücken sollte, dann hätte dein Großvater sich irgendwann einmal so bezeichnet: Er sei ein Konsul und ein Antonius. Niemals hat er das gesagt. Auch mein Amtskollege, dein Onkel, hätte sich so ausdrücken können. Oder bist du etwa der einzige Antonius?

Doch lassen wir dein privates Sündenregister, gehört es doch nicht zu deiner öffentlichen Wirksamkeit, mit der du den

quibus tu rem publicam vexavisti: ad ipsas tuas partis redeo, id est ad civile bellum, quod natum, conflatum, susceptum opera tua est. Cui bello cum propter timiditatem tuam tum propter libidines defuisti. (71) Gustaras civilem sanguinem vel potius exsorbueras; fueras in acie Pharsalica antesignanus; L. Domitium, clarissimum et nobilissimum virum, occideras multosque praeterea qui e proelio effugerant, quos Caesar, ut non nullos, fortasse servasset, crudelissime persecutus trucidaras. Quibus rebus tantis talibus gestis quid fuit causae cur in Africam Caesarem non sequerere, cum praesertim belli pars tanta restaret? Itaque quem locum apud ipsum Caesarem post eius ex Africa reditum obtinuisti? quo numero fuisti? Cuius tu imperatoris quaestor fueras, dictatoris magister equitum, belli princeps, crudelitatis auctor, praedae socius, testamento, ut dicebas ipse, filius, appellatus es de pecunia quam pro domo, pro hortis, pro sectione debebas. (72) Primo respondisti plane ferociter et, ne omnia videar contra te, prope modum aequa et iusta dicebas: 'A me C. Caesar pecuniam? cur potius quam ego ab illo? an sine me ille vicit? At ne potuit quidem. Ego ad illum belli civilis causam attuli; ego leges perniciosas rogavi; ego arma contra consules imperatoresque populi Romani, contra senatum populumque Romanum, contra deos patrios arasque et focos, contra patriam tuli. Num sibi soli vicit? Quorum facinus est commune, cur non sit eorum praeda communis?' Ius postulabas, sed quid ad rem? Plus ille poterat. (73)

Staat ruiniert hast. Zu dieser deiner Rolle in der Öffentlichkeit kehre ich nun zurück, das heißt zum Bürgerkrieg. Seine Entstehung, sein Ausbruch, sein Verlauf – alles dein Werk. Dabei hast du dich in diesem Krieg gedrückt, einmal weil du feige bist, zum andern wegen deiner Laster. (71) Du hattest Bürgerblut geleckt, besser gesagt, bis zur Neige geschlürft; in der Schlacht von Pharsalos hattest du es allen zuvorgetan, hattest den Lucius Domitius, einen hochangesehenen Mann von höchstem Adel, erschlagen.[79] Und noch viele andere, die aus der Schlacht entronnen waren, die Caesar vielleicht begnadigt hätte, wie er es mit so manchen tat – die hast du aufs grausamste verfolgt und abgeschlachtet. Was war angesichts so großer Heldentaten der Grund, daß du nicht mit Caesar nach Afrika gingst?[80] Es war doch noch Entscheidendes zu leisten in diesem Krieg! Wie standest du also zu Caesar, als er aus Afrika zurückkehrte? Wo war dein Platz? Als er Oberkommandierender war, warst du sein Quaestor, als Diktator hatte er dich zum Magister equitum gemacht, als oberster Kriegstreiber warst du der Wegbereiter seines grausamen Tuns, sein Beutegenosse, laut Testament, so behauptetest du wenigstens, sein Sohn. Von diesem Mann aber wurdest du wegen des Geldes gemahnt, das du für das Haus, die Gärten und das ersteigerte Hab und Gut noch schuldig warst. (72) Zunächst gabst du ihm eine ziemlich brüske Antwort – eigentlich nur recht und billig (du siehst, ich bin durchaus nicht ganz und gar gegen dich): »Caesar will Geld von mir? Warum nicht eher umgekehrt? Hat er etwa ohne mich gesiegt? Das hätte er nicht fertiggebracht. Ich habe ihm den Anlaß zum Bürgerkrieg geliefert, ich habe die verhängnisvollen Gesetze beantragt; ich habe die Waffen erhoben gegen Konsuln und Feldherrn des römischen Volkes, gegen Senat und Volk von Rom, gegen die heimischen Götter, die Altäre und Herde, gegen das Vaterland. Hat er denn für sich allein gesiegt? Warum sollen die Genossen des Verbrechens nicht auch Genossen bei der Beuteverteilung sein?« Du fordertest dein Recht, aber was half das? Er war der Stärkere.

Itaque excussis tuis vocibus et ad te et ad praedes tuos milites misit, cum repente a te praeclara illa tabula prolata est. Qui risus hominum, tantam esse tabulam, tam varias, tam multas possessiones, ex quibus praeter partem Miseni nihil erat quod is qui auctionaretur posset suum dicere. Auctionis vero miserabilis aspectus: vestis Pompei non multa eaque maculosa; eiusdem quaedam argentea vasa conlisa, sordidata mancipia, ut doleremus quicquam esse ex illis reliquiis quod videre possemus. (74) Hanc tamen auctionem heredes L. Rubri decreto Caesaris prohibuerunt. Haerebat nebulo: quo se verteret non habebat. Quin his ipsis temporibus domi Caesaris percussor ab isto missus deprehensus dicebatur esse cum sica: de quo Caesar in senatu aperte in te invehens questus est. Proficiscitur in Hispaniam Caesar paucis tibi ad solvendum propter inopiam tuam prorogatis diebus. Ne tum quidem sequeris. Tam bonus gladiator rudem tam cito? Hunc igitur quisquam qui in suis partibus, id est in suis fortunis, tam timidus fuerit pertimescat?

(75) Profectus est aliquando tandem in Hispaniam; sed tuto, ut ait, pervenire non potuit. Quonam modo igitur Dolabella pervenit? Aut non suscipienda fuit ista causa, Antoni, aut, cum suscepisses, defendenda usque ad extremum. Ter depugnavit Caesar cum civibus, in Thessalia, Africa, Hispania. Omnibus adfuit his pugnis Dolabella; in Hispaniensi etiam volnus accepit. Si de meo iudicio quaeris, nollem; sed tamen

(73) Daher kümmerte er sich nicht um deinen Einspruch und schickte dir und deinen Bürgen Soldaten ins Haus. Da brachtest du plötzlich dein prächtiges Verzeichnis zu Tage. Was haben die Leute gelacht: eine ellenlange Liste mit zahlreichen Besitztiteln aller Art, aber außer dem Anteilbesitz von Misenum nichts darunter, was der Versteigerer wirklich als sein Eigentum hätte bezeichnen können. Das Trauerspiel einer Versteigerung war das: ein paar Teppiche des Pompeius, und auch die noch voller Flecken, ebenfalls aus seinem Besitz einige verbeulte Silberschalen, schmuddelige Sklaven – wir waren schmerzlich empört, daß irgend etwas von dem, was wir da zu sehen bekamen, aus dem Nachlaß jenes Mannes stammen sollte. (74) Jedoch verhinderten die Erben des Lucius Rubrius[81] auf Veranlassung Caesars die Versteigerung. Da saß der Taugenichts fest und wußte nicht mehr aus noch ein. Ja ausgerechnet damals soll in Caesars Haus ein gedungener Mörder mit dem Dolch in der Hand ertappt worden sein – den du geschickt hattest. Caesar ist deswegen im Senat ganz offen auf dich losgegangen und hat dir Vorwürfe gemacht. Er reist nach Spanien ab; angesichts deiner Mittellosigkeit hat er dir die Zahlungsfrist um ein paar Tage verlängert. Aber auch dann folgst du ihm nicht nach. So ein tüchtiger Gladiator, der so rasch den Abschied nimmt? So feige ist er gewesen, wo es sich um seine Partei, das heißt seine Erwerbsquellen handelte, und da sollte man Angst vor ihm haben?

(75) Schließlich hat er sich dann doch noch nach Spanien aufgemacht, aber er konnte nicht sicher bis dorthin kommen, so behauptet er.[82] Wie ist denn dann Dolabella hingekommen? Entweder du hättest die ganze Sache überhaupt nicht anpacken sollen, Antonius, oder, wenn du sie zu der deinen gemacht hast, dann mußtest du sie auch bis zum Äußersten durchfechten. Dreimal stand Caesar mit seinen Mitbürgern im Kampf: in Thessalien, in Afrika, in Spanien.[83] Bei all diesen Kämpfen war Dolabella dabei; im spanischen Krieg ist er sogar verwundet worden. Wenn du

consilium a primo reprehendendum, laudanda constantia. Tu vero quid es? Cn. Pompei liberi tum primum patriam repetebant. Esto, fuerit haec partium causa communis. Repetebant praeterea deos patrios, aras, focos, larem suum familiarem, in quae tu invaseras. Haec cum peterent armis ei quorum erant legibus – etsi in rebus iniquissimis quid potest esse aequi? – tamen quem erat aequissimum contra Cn. Pompei liberos pugnare? quem? te sectorem. (76) An ut tu Narbone mensas hospitum convomeres Dolabella pro te in Hispania dimicaret?

Qui vero Narbone reditus! Etiam quaerebat cur ego ex ipso cursu tam subito revertissem. Exposui nuper, patres conscripti, causam reditus mei. Volui, si possem, etiam ante Kalendas Ianuarias prodesse rei publicae. Nam, quod quaerebas quo modo redissem, primum luce, non tenebris; deinde cum calceis et toga, nullis nec Gallicis nec lacerna. At etiam aspicis me et quidem, ut videris, iratus. Ne tu iam mecum in gratiam redeas, si scias quam me pudeat nequitiae tuae, cuius te ipsum non pudet. Ex omnium omnibus flagitiis nullum turpius vidi, nullum audivi. Qui magister equitum fuisse tibi viderere, in proximum annum consulatum peteres vel potius rogares, per municipia coloniasque Galliae, a qua nos tum cum consulatus petebatur, non rogaba-

nach meiner Meinung fragst: Ich billige das zwar nicht, aber wenn auch sein Entschluß grundsätzlich zu tadeln ist, sein standhafter Einsatz verdient immerhin Lob. Wie war es nun mit dir? Damals machten die Söhne des Pompeius den ersten Versuch, ihr Vaterland wiederzugewinnen. Gut, das mag deine Partei als ganze betroffen haben. Sie suchten aber außerdem ihre väterlichen Götter, die Altäre und Herde und den Schutzgeist ihrer Familie wiederzugewinnen: Das alles hattest du dir angeeignet. Als sie sich mit Waffengewalt zurückerobern wollten, was ihnen rechtmäßig zustand, wer hätte da nach Fug und Recht – bei solch widerrechtlichem Erwerb kann man freilich kaum von Recht sprechen – also wer hätte billigerweise gegen die Kinder des Pompeius kämpfen müssen? Du doch, du Plünderer ihres Hab und Guts. (76) Während du in Narbo die Tische deiner Gastgeber vollgekotzt hast, sollte wohl Dolabella in Spanien für dich kämpfen?

Und gar deine Rückkehr aus Narbo! Da fragt er noch, warum ich damals von meiner Reise so plötzlich umgekehrt bin. Ich habe es euch kürzlich auseinandergesetzt, Senatoren, warum ich zurückgekommen bin. Ich wollte mich, falls möglich, noch vor dem 1. Januar für die Interessen des Gemeinwesens einsetzen. Wenn du aber fragst, wie ich zurückgekehrt bin: zunächst einmal am hellen Tage, nicht nachts im Dunkeln, sodann in Straßenschuhen und in der Toga, nicht in gallischen Sandalen und Kapuzenmantel. Aber du schaust mich ja an, und mir scheint, du bist zornig. Wahrhaftig, du würdest dich noch mit mir aussöhnen, wüßtest du nur, wie ich mich deiner Verworfenheit schäme, über die du selbst gar keine Scham empfindest. Von allen seinen Schandtaten habe ich nichts so Peinliches gesehen oder gehört. Es kam dir doch so vor, als seiest du Magister equitum gewesen, und bewarbst dich für das nächste Jahr um das Konsulat, oder besser gesagt, du betteltest darum, und da bist du durch die Land- und Kreisstädte von Gallien gezogen – mit Galliens Fürsprache pflegten wir uns einst um

tur, petere consulatum solebamus, cum Gallicis et lacerna cucurristi.

At videte levitatem hominis. (77) Cum hora diei decima fere ad Saxa rubra venisset, delituit in quadam cauponula atque ibi se occultans perpotavit ad vesperum; inde cisio celeriter ad urbem advectus domum venit capite involuto. Ianitor, 'Quis tu?' 'A Marco tabellarius.' Confestim ad eam deducitur cuius causa venerat, eique epistulam tradidit. Quam cum illa legeret flens – erat enim scripta amatorie; caput autem litterarum sibi cum illa mima posthac nihil futurum; omnem se amorem abiecisse illim atque in hanc transfudisse – cum mulier fleret uberius, homo misericors ferre non potuit, caput aperuit, in collum invasit. O hominem nequam! Quid enim aliud dicam? magis proprie nihil possum dicere. Ergo, ut te catamitum, nec opinato cum te ostendisses, praeter spem mulier aspiceret, idcirco urbem terrore nocturno, Italiam multorum dierum metu perturbasti? (78) Et domi quidem causam amoris habuisti, foris etiam turpiorem ne L. Plancus praedes tuos venderet. Productus autem in contionem a tribuno plebis cum respondisses te rei tuae causa venisse, populum etiam dicacem in te reddidisti. Sed nimis multa de nugis: ad maiora veniamus.

C. Caesari ex Hispania redeunti obviam longissime processisti. Celeriter isti, redisti, ut cognosceret te si minus fortem, at tamen strenuum. Factus es ei rursus nescio quo modo

das Konsulat zu bewerben, nicht darum zu betteln! – du bist herumgezogen in Sandalen und Kapuzenmantel!
Aber seht nur die Leichtfertigkeit dieses Menschen: (77) Etwa um die zehnte Stunde war er bei Saxa Rubra[84] angekommen. Er verkroch sich in einer kleinen Kneipe und becherte dort im Verborgenen bis zum Abend. Dann kam er auf einem Kutschwägelchen eilends nach Rom vor sein Haus gefahren, die Kapuze übers Gesicht gezogen. Der Türhüter fragt: »Wer bist du?« »Ein Kurier von Marcus.« Sogleich läßt er sich zu ihr führen, deretwegen er gekommen war,[85] und er überreicht ihr einen Brief. Sie liest ihn unter Tränen, es war nämlich ein Liebesbrief; hauptsächlich stand darin, er wolle mit der Komödiantin in Zukunft nichts mehr zu tun haben, mit seiner Liebe sei es Schluß, die solle nur noch ihr gehören. Als die Frau nun immer reichlichere Tränen vergoß, da konnte der weichherzige Mann nicht länger an sich halten: Er wirft die Kapuze ab und fällt der Frau um den Hals. O du Taugenichts! So muß ich schon sagen, es gibt keinen passenderen Ausdruck. Also damit deine Frau dich unverhofft zu sehen bekäme, du Schwerenöter[86], wenn du so überraschend auf der Bildfläche erscheinst, darum hast du die Stadt in nächtlichen Aufruhr versetzt, ganz Italien tagelang in Schrecken gehalten! (78) Nach Hause kamst du der Liebe wegen, in der Stadt aber blieb dir eine viel mißlichere Aufgabe: zu verhindern, daß Lucius Plancus[87] Hab und Gut deiner Bürgen verkaufen ließe. Als dich ein Volkstribun in die Volksversammlung zitierte, da erklärtest du, privater Geschäfte wegen zurückgekommen zu sein. Damit hast du dem Volk Gelegenheit geboten, Späße auf deine Kosten zu machen. Aber das war schon viel zu viel von solch läppischen Geschichten. Kommen wir nun zu wichtigeren Dingen.
Als Caesar aus Spanien zurückkehrte, bist du ihm eine riesige Strecke weit entgegengereist. Rasch warst du dort und rasch wieder zurück, damit er sehen konnte, du seiest zwar nicht sehr tapfer, dafür aber dienstbeflissen. Du

familiaris. Habebat hoc omnino Caesar: quem plane perditum aere alieno egentemque, si eundem nequam hominem audacemque cognorat, hunc in familiaritatem libentissime recipiebat. (79) His igitur rebus praeclare commendatus iussus es renuntiari consul et quidem cum ipso. Nihil queror de Dolabella qui tum est impulsus, inductus, elusus. Qua in re quanta fuerit uterque vestrum perfidia in Dolabellam quis ignorat? ille induxit ut peteret, promissum et receptum intervertit ad seque transtulit; tu eius perfidiae voluntatem tuam ascripsisti. Veniunt Kalendae Ianuariae; cogimur in senatum: invectus est copiosius multo in istum et paratius Dolabella quam nunc ego. (80) Hic autem iratus quae dixit, di boni! Primum cum Caesar ostendisset se, prius quam proficisceretur, Dolabellam consulem esse iussurum – quem negant regem, qui et faceret semper eius modi aliquid et diceret – sed cum Caesar ita dixisset, tum hic bonus augur eo se sacerdotio praeditum esse dixit ut comitia auspiciis vel impedire vel vitiare posset, idque se facturum esse adseveravit. In quo primum incredibilem stupiditatem hominis cognoscite. (81) Quid enim? istud quod te sacerdoti iure facere posse dixisti, si augur non esses et consul esses, minus facere potuisses? Vide ne etiam facilius. Nos enim nuntiationem solum habemus, consules et reliqui magistratus etiam spectionem.

Esto: hoc imperite; nec enim est ab homine numquam

gewannst auf irgendeine Weise wieder sein Vertrauen. Das hatte Caesar ja überhaupt so an sich: Wenn er sah, daß jemand durch Schulden völlig ruiniert und in Geldnöten war, wenn er dazu noch wußte, daß der Betreffende ein Taugenichts und Draufgänger war, dann nahm er ihn liebend gern unter seine Fittiche. (79) Durch diese Eigenschaften also wärmstens empfohlen, bestimmte er dich zum Konsul, und zwar gemeinsam mit sich selber. Ich brauche kein Wort des Bedauerns über Dolabella zu verlieren, den man damals zur Bewerbung gedrängt, verleitet und dann fallengelassen hatte. Wie niederträchtig ihr beide damals an Dolabella gehandelt habt, das weiß doch jeder. Caesar verleitete ihn zur Bewerbung, dann prellte er ihn um den versprochenen Lohn und nahm das Amt für sich selbst. Du hast seiner Niedertracht aus freien Stücken Vorschub geleistet. Es kommt der 1. Januar [44], wir werden in den Senat berufen. Da fuhr Dolabella gegen Antonius los, weit wortreicher und schlagfertiger, als ich es jetzt tue. (80) Was der darauf in seiner Wut von sich gab, gute Götter! Zunächst, als Caesar erklärt hatte, er werde Dolabella zum Konsul bestimmen, bevor er ins Feld rückte – wer wollte da noch leugnen, der Mann, der dauernd so handelte und sich so äußerte, sei ein Tyrann gewesen? – auf diese Erklärung Caesars hin also behauptete unser trefflicher Augur hier, er sei mit solchen priesterlichen Vollmachten ausgestattet, daß er die Wahlkomitien durch Auspizien unterbinden oder ihren Ausgang für ungültig erklären könne. Und er versicherte, er habe die feste Absicht dazu. Da seht ihr einmal, wie unglaublich dumm sich dieser Mensch anstellt. (81) Was denn? Wozu dir dein Priesteramt das Recht gibt, wie du sagst, hättest du das auch tun können, wenn du nicht Augur, sondern Konsul gewesen wärest? Ja sogar noch eher. Wir als Augurn haben nur das Recht, unsere Beobachtungen zu verkünden, die Konsuln und die übrigen Beamten aber besitzen auch das Beobachtungsrecht.[88]

Nun gut, da hat er nicht Bescheid gewußt; man kann ja auch

sobrio postulanda prudentia, sed videte impudentiam. Multis ante mensibus in senatu dixit se Dolabellae comitia aut prohibiturum auspiciis aut id facturum esse quod fecit. Quisquamne divinare potest quid viti in auspiciis futurum sit, nisi qui de caelo servare constituit? quod neque licet comitiis per leges et si qui servavit non comitiis habitis, sed prius quam habeantur, debet nuntiare. Verum implicata inscientia impudentia est: nec scit quod augurem nec facit quod pudentem decet.

(82) Atque ex illo die recordamini eius usque ad Idus Martias consulatum. Quis umquam apparitor tam humilis, tam abiectus? Nihil ipse poterat; omnia rogabat; caput in aversam lecticam inserens, beneficia quae venderet a conlega petebat. Ecce Dolabellae comitiorum dies. Sortitio praerogativae; quiescit. Renuntiatur: tacet. Prima classis vocatur, deinde ita ut adsolet suffragia [equitum], tum secunda classis, quae omnia sunt citius facta quam dixi. (83) Confecto negotio bonus augur – C. Laelium diceres – 'Alio die' inquit. O impudentiam singularem! Quid videras, quid senseras, quid audieras? Neque enim te de caelo servasse dixisti nec hodie dicis. Id igitur obvenit vitium quod tu iam Kalendis Ianuariis futurum esse provideras et tanto ante praedixeras. Ergo hercule magna, ut spero, tua potius quam rei publicae calamitate ementitus es auspicia; obstrinxisti religione

von einem Mann, der niemals nüchtern ist, keine Einsicht verlangen. Aber seht nur, wie unverfroren er ist. Schon viele Monate vorher hat er im Senat verkündet, er werde Dolabellas Wahl durch Auspizien verhindern oder eben das tun, was er dann auch getan hat.[89] Kann jemand vorausahnen, welches ungünstige Vorzeichen bei den Auspizien auftreten wird? Doch nur, wenn er entschlossen ist, Himmelsbeobachtungen anzustellen. Das ist aber bei den Wahlen durch Gesetz untersagt, und wenn einer Beobachtungen angestellt hat, nicht während der Wahlen, sondern vorher, dann muß er Meldung erstatten. Seine Unwissenheit geht also Hand in Hand mit seiner Unverfrorenheit: Weder weiß er, was einem Augur zukommt, noch tut er, was sich für einen anständigen Bürger gehört.

(82) Aber haltet euch nur einmal sein Konsulat vor Augen – von jenem Tage an bis zu den Iden des März. Wo gab es je einen so unterwürfigen, verächtlichen Menschen? Nichts brachte er allein fertig, bei allem mußte er nachfragen. Er steckte seinen Kopf hinten in die Sänfte hinein und erbettelte sich von seinem Kollegen Privilegien, um sie dann zu verschachern. So kommt Dolabellas Wahltermin heran. Die zuerst abstimmende Centurie wird ausgelost: Er ist still. Das Ergebnis wird verkündet: Er schweigt. Die erste Klasse wird aufgerufen, dann, wie üblich, die Stimmen [der Rittercenturien], hierauf die zweite Klasse; das alles geht schneller, als ich es hier aufzähle. (83) Der Wahlgang ist beendet, da kommt unser trefflicher Augur – geradezu ein Gaius Laelius[90] – und sagt: »Verschiebung auf einen anderen Termin!« Das ist doch eine einzigartige Unverschämtheit! Was hattest du gesehen, wahrgenommen, gehört? Du behauptetest ja gar nicht, du hättest den Himmel beobachtet; das sagst du auch heute nicht. Es trat wohl das ungünstige Vorzeichen ein, das du schon am 1. Januar vorausgesehen und so lange vorher verkündet hattest. Also hast du – hoffentlich mehr zu deinem eigenen Schaden als zu dem des Staates – Auspizien erlogen. Du hast das römische Volk

populum Romanum; augur auguri, consul consuli obnuntiasti. Nolo plura, ne acta Dolabellae videar convellere, quae necesse est aliquando ad nostrum conlegium deferantur. (84) Sed adrogantiam hominis insolentiamque cognoscite. Quam diu tu voles, vitiosus consul Dolabella; rursus, cum voles, salvis auspiciis creatus. Si nihil est, cum augur eis verbis nuntiat, quibus tu nuntiasti, confitere te, cum 'Alio die' dixeris, sobrium non fuisse; sin est aliqua vis in istis verbis, ea quae sit augur a conlega requiro.

Sed ne forte ex multis rebus gestis M. Antoni rem unam pulcherrimam transiliat oratio, ad Lupercalia veniamus. Non dissimulat, patres conscripti: apparet esse commotum; sudat, pallet. Quidlibet, modo ne nauseet, faciat quod in porticu Minucia fecit. Quae potest esse turpitudinis tantae defensio? Cupio audire, ut videam ubi rhetoris sit tanta merces, ubi campus Leontinus appareat. (85) Sedebat in rostris conlega tuus amictus toga purpurea, in sella aurea, coronatus. Escendis, accedis ad sellam – ita eras Lupercus ut te consulem esse meminisse deberes – diadema ostendis. Gemitus toto foro. Unde diadema? Non enim abiectum sustuleras, sed attuleras domo meditatum et cogitatum sce-

durch eine religiöse Verstrickung gefesselt, hast als Augur dem Augurn, als Konsul dem Konsul ein ungünstiges Vorzeichen gemeldet. Mehr will ich nicht sagen, damit es nicht so aussieht, als wollte ich die Amtshandlungen Dolabellas rechtlich in Frage stellen. Allerdings müssen sie unbedingt einmal von unserem Kollegium[91] einer Prüfung unterzogen werden.

(84) Aber seht nur, wie anmaßend und überheblich dieser Mensch ist. Solange es dir beliebt, ist Dolabellas Wahl zum Konsul anfechtbar. Aber wenn es dir paßt, dann ist er wiederum ordnungsgemäß gewählt. Soll es also keine Bedeutung haben, wenn ein Augur mit diesen Worten, die du gebraucht hast, Meldung macht, dann gib es nur zu: Du warst nicht nüchtern, als du »Verschiebung auf einen anderen Termin« gesagt hast. Haben diese Worte aber eine Bedeutung, so frage ich als Augur dich, den Kollegen: Worin besteht diese?

Nun will ich aber von all den vielen Heldentaten des Marcus Antonius die eine, die allerschönste, nicht übergehen. Kommen wir also zum Luperkalienfest[92]. Er verstellt sich nicht, Senatoren, er ist offensichtlich betroffen, der Schweiß bricht ihm aus, er wird blaß. Soll er nur, die Hauptsache ist, er kotzt nicht, wie er es in der Porticus Minucia getan hat.[93] Was läßt sich angesichts einer solchen Schandtat zur Entschuldigung vorbringen? Das möchte ich wohl hören, um zu wissen, ob das ansehnliche Honorar für den Redelehrer sich gelohnt hat, wie die Ländereien von Leontini sich bezahlt gemacht haben.[94] (85) Da saß dein Amtskollege auf der Rostra, in die purpurne Toga gehüllt, auf goldenem Sessel, den Kranz auf dem Haupt. Du steigst hinauf, trittst zum Sessel – selbst wenn du als Lupercuspriester auftratest, hättest du doch daran denken müssen, daß du Konsul warst – und hältst ihm ein Diadem hin. Ein Aufstöhnen geht über das ganze Forum. Woher auf einmal das Diadem? Du hast es doch nicht im Rinnstein gefunden, sondern von daheim mitgebracht – ein wohlüberlegter und sorgfältig ausgesonne-

lus. Tu diadema imponebas cum plangore populi; ille cum plausu reiciebat. Tu ergo unus, scelerate, inventus es qui cum auctor regni esses, eumque quem conlegam habebas dominum habere velles, idem temptares quid populus Romanus ferre et pati posset. (86) At etiam misericordiam captabas: supplex te ad pedes abiciebas. Quid petens? ut servires? Tibi uni peteres qui ita a puero vixeras ut omnia paterere, ut facile servires; a nobis populoque Romano mandatum id certe non habebas. O praeclaram illam eloquentiam tuam, cum es nudus contionatus! Quid hoc turpius, quid foedius, quid suppliciis omnibus dignius? Num exspectas dum te stimulis fodiamus? Haec te, si ullam partem habes sensus, lacerat, haec cruentat oratio. Vereor ne imminuam summorum virorum gloriam; dicam tamen dolore commotus. Quid indignius quam vivere eum qui imposuerit diadema, cum omnes fateantur iure interfectum esse qui abiecerit? (87) At etiam ascribi iussit in fastis ad Lupercalia: ‘C. Caesari, dictatori perpetuo, M. Antonium consulem populi iussu regnum detulisse; Caesarem uti noluisse.’ Iam iam minime miror te otium perturbare; non modo urbem odisse sed etiam lucem; cum perditissimis latronibus non solum de die sed etiam in diem bibere. Ubi enim tu in pace consistes? qui locus tibi in legibus et in iudiciis esse potest, quae tu, quantum in te fuit, dominatu regio sustulisti? Ideone L. Tarquinius exactus, Sp. Cassius, Sp. Maelius,

ner Frevel! Du versuchst ihm das Diadem aufzusetzen – das Volk bricht in Wehklagen aus. Jener weist es unter Beifallskundgebungen zurück. Du also, du Verbrecher, warst der einzige, der als Stifter einer Gewaltherrschaft auftreten wollte, und er, dein Amtskollege, er sollte dein Herr sein. Zugleich wolltest du die Probe machen, was das römische Volk hinzunehmen bereit war. (86) Aber du hast auch um sein Erbarmen gefleht: Demütig warfst du dich ihm zu Füßen nieder. Worum batest du? Daß du Sklavendienste tun durftest? Für dich allein mochtest du das immerhin erbitten, du hast ja von Kindheit an so gelebt, daß du dir alles gefallen ließest und ein willfähriger Sklave warst. Von uns und dem römischen Volk hattest du sicherlich keinen solchen Auftrag! Das war also deine vielgerühmte Beredsamkeit, als du da nackt vor versammeltem Volk redetest! Gibt es etwas, das noch peinlicher und schändlicher ist und noch mehr nach Strafen aller Art ruft? Wartest du etwa darauf, bis wir dich mit Stacheln treiben?[95] Was ich da sage, das muß dich, wenn du noch einen Funken Ehrgefühl im Leibe hast, verwunden, ja ins Herz treffen. Obwohl ich fürchte, den Ruhm unserer Helden zu schmälern, muß ich es aussprechen, der Schmerz treibt mich dazu. Wie unwürdig ist das: Der Caesar das Diadem aufgesetzt hat, der lebt, während er, der es zurückgewiesen hat, nach dem Urteil aller zu Recht getötet wurde. (87) Ja, Caesar ließ sogar im Festkalender beim Luperkalienfest den Zusatz beifügen: ›Der Konsul Marcus Antonius hat Gaius Caesar, Diktator auf Lebenszeit, auf Geheiß des Volkes die Königskrone angetragen, Caesar aber hat sie abgelehnt.‹ Da wundere ich mich freilich gar nicht, daß du ein ständiger Ruhestörer bist, daß dir nicht nur die Stadt, sondern sogar das Licht des Tages verhaßt ist. Und daß du mit deinem Räubergesindel nicht nur vertrinkst, was der Tag bringt, sondern auch den Tag selbst. Denn wo willst du im Frieden bleiben? Wo gibt es für dich einen Platz, solange Recht und Gesetz herrschen – die du freilich nach Kräften durch deine Tyrannei beseitigt hast! Ist deshalb ein Lucius

M. Manlius necati ut multis post saeculis a M. Antonio, quod fas non est, rex Romae constitueretur?
(88) Sed ad auspicia redeamus, de quibus Idibus Martiis fuit in senatu Caesar acturus. Quaero: tum tu quid egisses? Audiebam equidem te paratum venisse, quod me de ementitis auspiciis, quibus tamen parere necesse erat, putares esse dicturum. Sustulit illum diem fortuna rei publicae. Num etiam tuum de auspiciis iudicium interitus Caesaris sustulit? Sed incidi in id tempus quod eis rebus in quas ingressa erat oratio praevertendum est. Quae tua fuga, quae formido praeclaro illo die, quae propter conscientiam scelerum desperatio vitae, cum ex illa fuga beneficio eorum qui te, si sanus esses, salvum esse voluerunt, clam te domum recepisti! (89) O mea frustra semper verissima auguria rerum futurarum! Dicebam illis in Capitolio liberatoribus nostris, cum me ad te ire vellent, ut ad defendendam rem publicam te adhortarer, quoad metueres, omnia te promissurum; simul ac timere desisses, similem te futurum tui. Itaque cum ceteri consulares irent, redirent, in sententia mansi: neque te illo die neque postero vidi neque ullam societatem optimis civibus cum importunissimo hoste foedere ullo confirmari posse credidi. Post diem tertium veni in aedem Telluris et quidem invitus, cum omnis aditus armati obsiderent. (90) Qui tibi dies ille, Antoni, fuit? Quamquam mihi inimicus subito

Tarquinius vertrieben, sind deshalb Spurius Cassius, Spurius Maelius, Marcus Manlius getötet worden, damit viele hundert Jahre später ein Marcus Antonius wider Fug und Recht in Rom einen König einsetzen könnte?

(88) Doch kommen wir auf die Auspizien zurück! Diese Frage wollte Caesar an den Iden des März im Senat behandeln.[96] Ich frage nun: Wie hättest du dich damals verhalten? Wie ich hörte, kamst du wohlvorbereitet, in der Erwartung, ich würde mich über deine erlogenen Auspizien äußern, die wir notgedrungen zu befolgen hatten. Der Glücksstern des römischen Staates hat uns diesen Tag erspart. Hat der Untergang Caesars aber auch dein Urteil über die Auspizien aufgehoben? Doch bin ich hier in einem Zeitraum angelangt, den es zuerst zu behandeln gilt, bevor ich zu den gerade erwähnten Ereignissen komme. Wie hast du Reißaus genommen, wie warst du in Panik an jenem glorreichen Tag! Wie wenig gabst du noch – im Bewußtsein deiner Untaten – auf dein Leben, als du dich schließlich von deinem Fluchtweg aus heimlich in dein Haus verkriechen konntest – durch die Gunst der Männer, die dich, wenn du vernünftig wärest, gerettet wissen wollten. (89) Ach, warum müssen meine allzu wahren Zukunftsvoraussagen immer auf taube Ohren treffen! Als unsere Befreier mich auf dem Kapitol aufforderten, zu dir zu gehen, um dich zur Verteidigung des Staates aufzurufen, da erklärte ich ihnen folgendes: Solange du Furcht hättest, würdest du alles versprechen. Sobald du aber von der Angst ließest, würdest du wieder ganz der alte sein. Als die übrigen Konsulare kamen und gingen,[97] blieb ich bei meiner Überzeugung. Ich habe dich weder an diesem noch am folgenden Tag gesehen, denn ich war überzeugt, daß zwischen den hervorragendsten Bürgern und einem rücksichtslosen Feind des Staates keinerlei Vertrag und Bündnis geschlossen werden könne. Drei Tage später kam ich in den Tempel der Tellus, sehr mit Widerwillen, da alle Zugänge von Bewaffneten besetzt waren. (90) Das war ein Tag für dich, Antonius! Du bist zwar jetzt auf einmal mein Feind

exstitisti, tamen me tui miseret quod tibi invideris. Qui tu vir, di immortales, et quantus fuisses, si illius diei mentem servare potuisses! Pacem haberemus, quae erat facta per obsidem puerum nobilem, M. Bambalionis nepotem. Quamquam bonum te timor faciebat, non diuturnus magister offici, improbum fecit ea quae, dum timor abest, a te non discedit, audacia.

Etsi tum, cum optimum te putabant me quidem dissentiente, funeri tyranni, si illud funus fuit, sceleratissime praefuisti. (91) Tua illa pulchra laudatio, tua miseratio, tua cohortatio; tu, tu, inquam, illas faces incendisti, et eas quibus semustilatus ille est et eas quibus incensa L. Bellieni domus deflagravit. Tu illos impetus perditorum hominum et ex maxima parte servorum quos nos vi manuque reppulimus in nostras domos immisisti. Idem tamen quasi fuligine abstersa reliquis diebus in Capitolio praeclara senatus consulta fecisti, ne qua post Idus Martias immunitatis tabula neve cuius benefici figeretur. Meministi ipse de exsulibus, scis de immunitate quid dixeris. Optimum vero quod dictaturae nomen in perpetuum de re publica sustulisti: quo quidem facto tantum te cepisse odium regni videbatur ut eius omne nomen propter proximi dictatoris metum tolleres. (92) Constituta res publica videbatur aliis, mihi vero nullo modo, qui omnia te

geworden, aber du tust mir dennoch leid, weil du dir selbst alles verdorben hast. Was wärest du für ein Mann gewesen, ihr Götter, wie großartig hättest du dagestanden, wenn du die Gesinnung dieses Tages hättest bewahren können! Wir hätten den Frieden noch, der ja damals zustande kam, indem ein vornehmer Knabe, der Enkel des Marcus Bambalio, als Geisel gestellt wurde.[98] Freilich machte nur die Furcht einen anständigen Menschen aus dir, und sie ist keine Lehrmeisterin für beständige Pflichterfüllung. Zum Gesetzesfeind machte dich dann wieder die Skrupellosigkeit; sie ist dir ja stets zur Seite, sobald die Furcht gewichen ist.

Damals indessen, als die Leute glaubten, du seiest auf der rechten Bahn – ich war allerdings anderer Meinung –, da hast du auf ganz schandbare Weise das Leichenbegängnis für den Tyrannen abgehalten, wenn man das überhaupt ein Leichenbegängnis nennen kann. (91) Du hast ihm diese schöne Lobrede gehalten, hast Mitleid erweckt, die Leute aufgehetzt. Du, sage ich, du hast die Brandfackeln entzündet, mit denen man ihn halb verkohlen ließ[99] und die das Haus des Lucius Bellienus einäscherten. Du hast verbrecherisches Gesindel, zumeist Sklaven, zum Angriff gegen unsere Häuser losgeschickt. Mit den Waffen in der Hand mußten wir sie zurückschlagen. Dennoch hast du, als ob du dir gewissermaßen den Ruß abgestreift hättest,[100] an den folgenden Tagen auf dem Kapitol lobenswerte Senatsbeschlüsse eingebracht. So sollten keine nach dem 15. März datierten Gesetze über Steuerfreiheit oder andere Privilegien mehr erlassen werden. Du erinnerst dich selbst, was du über die Verbannten, bist dir bewußt, was du über Tributbefreiung gesagt hast.[101] Das beste aber war, daß du den Diktatortitel für alle Zeiten aus der Verfassung getilgt hast. Bei dieser Maßnahme schien dich ein solcher Haß auf die königliche Gewaltherrschaft erfaßt zu haben, daß du wegen der Furcht vor einem künftigen Dictator den Titel selbst ganz und gar beseitigen wolltest. (92) Die alte Bürgerfreiheit war wiederhergestellt – so erschien es den anderen, mir freilich durch-

gubernante naufragia metuebam. Num igitur me fefellit, aut num diutius sui potuit esse dissimilis? Inspectantibus vobis toto Capitolio tabulae figebantur, neque solum singulis venibant immunitates sed etiam populis universis: civitas non iam singillatim, sed provinciis totis dabatur. Itaque si haec manent quae stante re publica manere non possunt, provincias universas, patres conscripti, perdidistis, neque vectigalia solum sed etiam imperium populi Romani huius domesticis nundinis deminutum est.

(93) Ubi est septiens miliens quod est in tabulis quae sunt ad Opis? Funestae illius quidem pecuniae, sed tamen quae nos, si eis quorum erat non redderetur, a tributis posset vindicare. Tu autem quadringentiens sestertium quod Idibus Martiis debuisti quonam modo ante Kalendas Aprilis debere desisti? Sunt ea quidem innumerabilia quae a tuis emebantur non insciente te, sed unum egregium de rege Deiotaro, populi Romani amicissimo, decretum in Capitolio fixum: quo proposito nemo erat qui in ipso dolore risum posset continere. (94) Quis enim cuiquam inimicior quam Deiotaro Caesar? aeque atque huic ordini, ut equestri, ut Massiliensibus, ut omnibus quibus rem publicam populi Romani caram esse sentiebat. Igitur a quo vivo nec praesens nec absens rex Deiotarus quicquam aequi boni impetravit, apud mortuum factus est gratiosus. Compellarat hospitem praesens, com-

aus nicht; denn ich befürchtete einen völligen Schiffbruch, wenn du ans Ruder kämst. Und habe ich mich denn in ihm getäuscht, oder konnte er länger seine Natur verleugnen? Vor euren Augen wurden überall auf dem Kapitol Tafeln mit Verfügungen angeschlagen. Abgabenfreiheit wurde nicht nur an Einzelpersonen, sondern an ganze Völker verschachert. Das Bürgerrecht wurde nicht einzeln, sondern gleich ganzen Provinzen verliehen. Wenn es bei diesen Zuständen bleiben soll – und es kann nicht dabei bleiben, wenn der Staat bestehen bleiben soll –, dann habt ihr, Senatoren, ganze Provinzen eingebüßt. Nicht nur die Einkünfte, sondern auch die Herrschaftsrechte des römischen Volkes sind durch die Schwarzmarktgeschäfte im Hause dieses Mannes hier geschmälert worden.

(93) Wo sind die 700000 Millionen geblieben, die in den Büchern im Tempel der Ops verzeichnet stehen? Gewiß, es ist Blutgeld von Caesar, aber wenn man es auch den früheren Besitzern nicht zurückgeben kann, so könnte es uns doch von Steuerlasten befreien. Auf welche Art und Weise bist du deine 40 Millionen Schulden, die du an den Iden des März noch zu zahlen hattest, vor dem 1. April auf einmal losgewesen? Es gab ja zahllose Dinge, mit denen deine Leute – nicht ohne deine Mitwisserschaft – einen schwunghaften Handel getrieben haben. Aber ganz einzigartig war das auf dem Kapitol ausgehängte Dekret, das den König Deiotarus[102], den treuen Freund des römischen Volkes, betraf. Als es angeschlagen wurde, gab es keinen, der bei aller schmerzlichen Entrüstung das Lachen zurückhalten konnte. (94) Caesar war doch der erklärte Feind des Deiotarus gewesen, ebenso wie er es dem Senat gegenüber war, dem Ritterstand, den Bürgern von Massilia[103], oder allen anderen, von denen er merkte, daß ihnen das Wohl des römischen Volkes am Herzen lag. Der König Deiotarus also, der von Caesar zu dessen Lebzeiten weder durch persönliches Erscheinen noch durch Eingaben sein Recht bekommen hat, der stand auf einmal bei dem Toten in hoher Gunst. Caesar hatte, obwohl

putarat, pecuniam imperarat, in eius tetrarchia unum ex Graecis comitibus suis conlocarat, Armeniam abstulerat a senatu datam. Haec vivus eripuit, reddit mortuus. (95) At quibus verbis? Modo aequum sibi videri, modo non iniquum. Mira verborum complexio! At ille numquam – semper enim absenti adfui Deiotaro – quicquam sibi quod nos pro illo postularemus aequum dixit videri. Syngrapha sesterti centiens per legatos, viros bonos, sed timidos et imperitos, sine nostra, sine reliquorum hospitum regis sententia facta in gynaecio est, quo in loco plurimae res venierunt et veneunt. Qua ex syngrapha quid sis acturus meditere censeo: rex enim ipse sua sponte, nullis commentariis Caesaris, simul atque audivit eius interitum, suo Marte res suas recuperavit. (96) Sciebat homo sapiens ius semper hoc fuisse ut, quae tyranni eripuissent, ea tyrannis interfectis ei quibus erepta essent recuperarent. Nemo igitur iure consultus, ne iste quidem, qui tibi uni est iure consultus, per quem haec agis, ex ista syngrapha deberi dicet pro eis rebus quae erant ante syngrapham recuperatae. Non enim a te emit, sed prius quam tu suum sibi venderes ipse possedit. Ille vir fuit; nos quidem contemnendi qui auctorem odimus, acta defendimus.

(97) Quid ego de commentariis infinitis, quid de innume-

unter seinem Dache, seinen Gastfreund hart angefahren, seine Forderungen vorgerechnet und Bezahlung gefordert. Einen seiner griechischen Begleiter hat er in eine von Deiotarus' Tetrarchien eingesetzt. Armenien, das ihm vom Senat verliehen worden war, entzog er ihm. Das alles hat er ihm zu Lebzeiten abgenommen, als Toter gab er es ihm wieder. (95) Und mit welchen Worten! Einmal: es erscheine ihm billig, dann wieder: es erscheine ihm nicht unbillig. Eine sonderbare Ausdrucksweise! Hat Caesar doch niemals irgend etwas für billig erklärt, was wir für den König forderten. Ich habe ja in Deiotarus' Abwesenheit stets seine Interessen vertreten. Ein Schuldschein über 10 Millionen wurde nun von seinen Abgesandten ausgestellt – brave Männer, aber ängstlich und unerfahren, und dabei wurde weder mein Rat noch die Stellungnahme der übrigen Gastfreunde des Königs eingeholt. Das Ganze wurde im Frauengemach entschieden,[104] an dem Ort, wo die meisten Schachergeschäfte abgewickelt wurden und noch werden. Was du mit dieser Schuldverschreibung anfangen willst, das überlegst du dir wohl noch, denke ich. Sobald der König nämlich von Caesars Tod hörte, hat er von sich aus, ohne alle Verordnungen Caesars, die Sache in die Hand genommen und sich seinen Besitz zurückgewonnen. (96) Als kluger Mann kannte er das althergebrachte Recht: Was ein Tyrann genommen hat, das fällt nach dem Tode des Tyrannen wieder an die zurück, denen es entrissen worden war. Kein Rechtsgelehrter, nicht einmal dein privater Rechtsausleger, mit dessen Hilfe du diese Sache betreibst,[105] keiner also wird behaupten, aufgrund dieses Schuldscheins bestehe ein Anspruch auf Dinge, die bereits vor der Ausstellung des Scheins wieder an den Besitzer zurückgefallen waren. Er hat sie ja nicht von dir gekauft; bevor du ihm sein Eigentum verkaufen konntest, hatte er es selbst wieder in Besitz genommen. Er handelte wie ein Mann, wir aber sind Schwächlinge, denn wir hassen den Urheber, lassen jedoch seine Erlasse bestehen.

(97) Was soll ich reden von der Unmenge von Nachlaßpa-

rabilibus chirographis loquar? quorum etiam institores sunt qui ea tamquam gladiatorum libellos palam venditent. Itaque tanti acervi nummorum apud istum construuntur ut iam expendantur, non numerentur pecuniae. At quam caeca avaritia est! Nuper fixa tabula est qua civitates locupletissimae Cretensium vectigalibus liberantur, statuiturque ne post M. Brutum pro consule sit Creta provincia. Tu mentis compos, tu non constringendus? An Caesaris decreto Creta post M. Bruti decessum potuit liberari, cum Creta nihil ad Brutum Caesare vivo pertineret? At huius venditione decreti – ne nihil actum putetis – provinciam Cretam perdidistis. Omnino nemo ullius rei fuit emptor cui defuerit hic venditor. (98) Et de exsulibus legem quam fixisti Caesar tulit? Nullius insector calamitatem: tantum queror, primum eorum reditus inquinatos quorum causam Caesar dissimilem iudicarit; deinde nescio cur non reliquis idem tribuas: neque enim plus quam tres aut quattuor reliqui sunt. Qui simili in calamitate sunt, cur tua misericordia non simili fruuntur, cur eos habes in loco patrui? de quo ferre, cum de reliquis ferres, noluisti: quem etiam ad censuram petendam impulisti, eamque petitionem comparasti quae et risus hominum et querelas moveret. Cur autem ea comitia non habuisti? (99) An

pieren, von den zahllosen handschriftlichen Verfügungen? Es gibt sogar Verkäufer dafür, die sie wie Zirkusprogramme öffentlich feilbieten. Daher wird das Geld bei diesem Menschen nun in ganzen Bergen von Münzen aufgehäuft, so daß man die Summen schon nicht mehr zählt, sondern abwiegt. Aber wie blind macht doch die Habsucht! Neulich wurde durch Erlaß bekanntgegeben, daß die wohlhabendsten Städte Kretas von Steuerabgaben befreit sind. Es wird verfügt, daß Kreta nach Ablauf der Statthalterschaft des Marcus Brutus keine Provinz mehr ist. Bist du denn noch bei Verstand? Sollte man dich nicht einsperren? Kann denn Kreta auf ein Dekret Caesars hin nach dem Abgang des Marcus Brutus frei werden, obwohl es doch zu Caesars Lebzeiten gar nichts mit Brutus zu tun hatte?[106] Aber durch den Verkauf dieser Verordnung – glaubt doch bloß nicht, das alles mache nichts aus! – durch diesen Handel habt ihr die Provinz Kreta verloren. Überhaupt hat ja niemand irgendeinen Kauf getätigt, bei dem dieser hier nicht als Verkäufer aufgetreten wäre.

(98) Und das Gesetz über die Verbannten, das du erlassen hast – hat das wirklich Caesar beantragt? Ich will niemand in seinem Unglück noch verfolgen, ich beklage nur dies: Erstens, daß auf die Rückkehr der Leute nun ein Makel fällt, deren Fall nach Caesars Urteil ganz verschieden gelagert war.[107] Außerdem möchte ich wissen, warum du den übrigen Personen nicht gleiches Recht gewährst. Es sind doch nicht mehr als drei oder vier noch übrig. Sie befinden sich alle in der gleichen unglücklichen Lage, warum können sie sich nicht gleichermaßen deines Mitleids erfreuen? Warum behandelst du sie wie deinen Onkel?[108] Für ihn hast du keinen Rückberufungsantrag stellen wollen, obwohl du dies für die übrigen getan hast. Ihn hast du ja sogar dazu verleitet, sich um die Zensur zu bewerben, und hast ihn bei seiner Bewerbung dann so behandelt, daß er Gelächter und Proteste bei den Leuten hervorrief. Aber warum hast du denn die Wahl damals nicht durchgeführt? (99) Etwa weil ein Volks-

quia tribunus plebis sinistrum fulmen nuntiabat? Cum tua quid interest, nulla auspicia sunt; cum tuorum, tum fis religiosus. Quid? eundem in VII viratu nonne destituisti? intervenit enim cui metuisti, credo, ne salvo capite negare non posses. Omnibus eum contumeliis onerasti quem patris loco, si ulla in te pietas esset, colere debebas. Filiam eius, sororem tuam, eiecisti, alia condicione quaesita et ante perspecta. Non est satis: probri insimulasti pudicissimam feminam. Quid est quod addi possit? Contentus eo non fuisti: frequentissimo senatu Kalendis Ianuariis sedente patruo hanc tibi esse cum Dolabella causam odi dicere ausus es quod ab eo sorori et uxori tuae stuprum esse oblatum comperisses. Quis interpretari potest, impudentiorne qui in senatu, an improbior qui in Dolabellam, an impurior qui patre audiente, an crudelior qui in illam miseram tam spurce, tam impie dixeris?

(100) Sed ad chirographa redeamus. Quae tua fuit cognitio? Acta enim Caesaris pacis causa confirmata sunt a senatu: quae quidem Caesar egisset, non ea quae egisse Caesarem dixisset Antonius. Unde ista erumpunt, quo auctore proferuntur? Si sunt falsa, cur probantur? si vera, cur veneunt? At sic placuerat ut ex Kalendis Iuniis de Caesaris actis cum

tribun ein unheilverkündendes Blitzeszeichen meldete? Wenn es um deine eigenen Interessen geht, dann kümmerst du dich nicht um Auspizien,[109] und bei deinen Angehörigen, da bekommst du religiöse Bedenken. Und weiter! Hast du ihn nicht bei der Siebenerkommission[110] übergangen? Da kam nämlich einer dazwischen, bei dem du befürchten mußtest, es ginge dir an den Kragen, wenn du ihn ablehnst. Schimpf und Schande hast du auf den Mann gehäuft, den du wie einen Vater hättest ehren sollen, wenn noch ein Funke von Pflichtgefühl in dir wäre. Seine Tochter, deine Kusine, hast du verstoßen,[111] nachdem du dich nach einer anderen Partie umgesehen und diese schon vorher gründlich in Augenschein genommen hattest. Aber damit nicht genug: Du hast die sittsamste Frau auf der Welt des Ehebruchs beschuldigt. Läßt sich dem noch etwas hinzufügen? Aber auch damit warst du nicht zufrieden. Der Senat ist am 1. Januar [44] vollzählig versammelt, dein Onkel ist zugegen, und da hast du die Frechheit zu behaupten, das sei der Grund deines Hasses gegen Dolabella: Du hättest erfahren, daß er deine Verwandte und Gattin zum Ehebruch verführt habe. Wer könnte da entscheiden, was größer war: deine Schamlosigkeit dem Senat gegenüber, deine Niedertracht gegen Dolabella, deine Gemeinheit angesichts des Vaters oder deine Grausamkeit, gegen die unglückliche Frau so schmutzige und rücksichtslose Reden zu führen?

(100) Aber kehren wir zu den Papieren zurück. Was ergab deine Untersuchung? Caesars Nachlaßverfügungen sind ja vom Senat um des lieben Friedens willen bestätigt worden. Das heißt: was Caesar selbst verfügt hatte, nicht wovon Antonius behauptete, Caesar habe es verfügt. Aus welcher Quelle tauchen diese Verordnungen plötzlich auf? Auf wessen Autorität hin werden sie veröffentlicht? Wenn sie gefälscht sind, warum werden sie anerkannt? Sind sie aber echt, warum verkauft man sie dann? Es war ja beschlossene Sache, daß ihr [Konsuln] am 1. Juni mit Hilfe eines Ausschusses die Verfügungen Caesars sichten solltet. Was war

consilio cognosceretis. Quod fuit consilium, quem umquam convocasti, quas Kalendas Iunias exspectasti? an eas ad quas te peragratis veteranorum coloniis stipatum armis rettulisti?

O praeclaram illam percursationem tuam mense Aprili atque Maio, tum cum etiam Capuam coloniam deducere conatus es! Quem ad modum illinc abieris vel potius paene non abieris scimus. (101) Cui tu urbi minitaris. Utinam conere, ut aliquando illud 'paene' tollatur! At quam nobilis est tua illa peregrinatio! Quid prandiorum apparatus, quid furiosam vinolentiam tuam proferam? Tua ista detrimenta sunt, illa nostra: agrum Campanum, qui cum de vectigalibus eximebatur ut militibus daretur, tamen infligi magnum rei publicae volnus putabamus, hunc tu compransoribus tuis et conlusoribus dividebas. Mimos dico et mimas, patres conscripti, in agro Campano conlocatos. Quid iam querar de agro Leontino? quoniam quidem hae quondam arationes Campana et Leontina in populi Romani patrimonio grandiferae et fructuosae ferebantur. Medico tria milia iugerum: quid, si te sanasset? rhetori duo: quid, si te disertum facere potuisset? Sed ad iter Italiamque redeamus.

(102) Deduxisti coloniam Casilinum, quo Caesar ante deduxerat. Consuluisti me per litteras de Capua tu quidem, sed

das nun für ein Ausschuß? Hast du jemals irgendwen dazu berufen? Auf welchen 1. Juni hast du denn gewartet? Etwa auf den Tag, an dem du nach deinen Streifzügen durch die Veteranenkolonien, von Bewaffneten umringt, zurückgekehrt bist?

Das war eine herrliche Landpartie, die du im April und Mai veranstaltet hast, als du ausgerechnet in Capua eine Kolonie gründen wolltest![112] Wie du von dort wieder fortgekommen oder besser gesagt beinahe nicht fortgekommen bist, das wissen wir ja. (101) Und nun drohst du dieser Stadt. Ich wollte, du würdest es dahin bringen, daß es einmal kein »beinahe« mehr gibt! Aber diese Landpartie ist schon eine denkwürdige Angelegenheit! Was brauche ich von dem Aufwand bei Gastmählern schon früh am Morgen zu reden oder von deinen tollen Besäufnissen? Das ist dir persönlich abträglich, das folgende aber ist ein Schaden für uns alle: Was die kampanischen Ländereien betrifft, so haben wir es seinerzeit als einen schweren Schlag für den Staat angesehen, als sie Abgabenfreiheit erhielten, um den Soldaten übereignet zu werden.[113] Dieses Gebiet verteiltest du nun an deine Sauf- und Spielkumpane. Possenreißer und Komödiantinnen sind es, sage ich, Senatoren, die nun auf den kampanischen Ländereien angesiedelt worden sind. Was soll ich mich noch über die Ländereien von Leontini beklagen? Immerhin galten diese landwirtschaftlichen Gebiete, die kampanischen wie die von Leontini, einstmals als einträgliche und ergiebige Posten im Staatshaushalt des römischen Volkes. Deinem Arzt hast du dreitausend Morgen Ackerland geschenkt. Und wenn er aus dir wieder einen normalen Menschen gemacht hätte? Deinem Redelehrer hast du zweitausend Morgen gegeben. Und wenn er dich zu einem Redner hätte machen können? Doch wir wollen uns wieder deiner Reise durch Italien zuwenden.

(102) Du hast in Casilinum[114] eine Kolonie gegründet, was Caesar zuvor schon getan hatte. Mich hast du brieflich wegen Capua um Rat gefragt – meine Antwort wäre auch im

idem de Casilino respondissem: possesne ubi colonia esset, eo coloniam novam iure deducere. Negavi in eam coloniam quae esset auspicato deducta, dum esset incolumis, coloniam novam iure deduci: colonos novos ascribi posse rescripsi. Tu autem insolentia elatus omni auspiciorum iure turbato Casilinum coloniam deduxisti, quo erat paucis annis ante deducta, ut vexillum tolleres, ut aratrum circumduceres; cuius quidem vomere portam Capuae paene perstrinxisti, ut florentis coloniae territorium minueretur.

(103) Ab hac perturbatione religionum advolas in M. Varronis, sanctissimi atque integerrimi viri, fundum Casinatem. Quo iure, quo ore? ‘Eodem,’ inquies ‘quo in heredum L. Rubri, quo in heredum L. Turseli praedia, quo in reliquas innumerabilis possessiones.’ Et si ab hasta, valeat hasta, valeant tabulae modo Caesaris, non tuae, quibus debuisti, non quibus tu te liberavisti. Varronis quidem Casinatem fundum quis venisse dicit, quis hastam istius venditionis vidit, quis vocem praeconis audivit? Misisse te dicis Alexandream qui emeret a Caesare; ipsum enim exspectare magnum fuit. (104) Quis vero audivit umquam – nullius autem salus curae pluribus fuit – de fortunis Varronis rem ullam esse detractam? Quid? si etiam scripsit ad te Caesar ut redderes,

Falle von Casilinum die gleiche gewesen –, ob du zu Recht dorthin eine Kolonie führen kannst, wo sich bereits eine befindet. Ich habe erklärt, dort, wo sich schon eine auf Auspizien begründete Kolonie befände, dürfe man, solange diese bestehe, keine neue anlegen. Man könne höchstens, so schrieb ich, zusätzlich neue Kolonisten aufnehmen. Du hast dich aber in deiner Überheblichkeit über alles Augurenrecht hinweggesetzt und eine Kolonie in Casilinum eingerichtet, wo wenige Jahre zuvor erst eine gegründet worden war, und du bist dabei mit der Fahne militärisch aufmarschiert und hast mit dem Pflug die Grenzfurche gezogen. Dabei hast du mit der Pflugschar fast das Stadttor von Capua berührt und somit das Territorium einer blühenden Kolonie geschmälert.

(103) Gleich nach dieser Mißachtung religiöser Vorschriften stürzt du dich auf das Landgut des Marcus Varro,[115] dieses untadeligen Ehrenmannes, bei Casinum. Mit welchem Recht, mit welcher Stirn? »Gerade so«, wirst du sagen, »wie ich mir die Landgüter aus der Erbschaft des Lucius Rubrius und des Lucius Turselius sowie unzählige andere Besitzungen angeeignet habe.« Hast du es aufgrund einer Versteigerung an dich gebracht, nun gut, so mag die Versteigerung gelten, gelten sollen auch die Unterlagen darüber, vorausgesetzt daß sie von Caesar stammen und nicht von dir, und daß sie dich als Schuldner ausweisen, aber nicht etwa die Tilgung deiner Schulden bescheinigen! Was aber das Landgut Varros in Casinum angeht – wer behauptet, daß es zum Verkauf gekommen sei? Wer hat gesehen, daß die Lanze zur Versteigerung aufgesteckt war? Wer hat die Stimme eines Ausrufers gehört? Du behauptest, du hättest einen Mann nach Alexandria geschickt, der das Gut von Caesar kaufen sollte. Seine Rückkehr abzuwarten wäre wohl zuviel verlangt gewesen.

(104) Wer hätte aber je gehört – und es sorgte sich doch jeder um Varros Wohlergehen –, daß von seinem Besitz auch nur das geringste eingezogen worden wäre? Und wenn Caesar dir sogar noch geschrieben hat, du solltest das Landgut

quid satis potest dici de tanta impudentia? Remove gladios parumper illos quos videmus: iam intelleges aliam causam esse hastae Caesaris, aliam confidentiae et temeritatis tuae. Non enim te dominus modo illis sedibus sed quivis amicus, vicinus, hospes, procurator arcebit. At quam multos dies in ea villa turpissime es perbacchatus! Ab hora tertia bibebatur, ludebatur, vomebatur. O tecta ipsa misera, ‘quam dispari domino’ – quamquam quo modo iste dominus – sed tamen quam ab dispari tenebantur! Studiorum enim suorum M. Varro voluit illud, non libidinum deversorium. (105) Quae in illa villa antea dicebantur, quae cogitabantur, quae litteris mandabantur! iura populi Romani, monumenta maiorum, omnis sapientiae ratio omnisque doctrinae. At vero te inquilino – non enim domino – personabant omnia vocibus ebriorum, natabant pavimenta vino, madebant parietes, ingenui pueri cum meritoriis, scorta inter matres familias versabantur. Casino salutatum veniebant, Aquino, Interamna: admissus est nemo. Iure id quidem; in homine enim turpissimo obsolefiebant dignitatis insignia. (106) Cum inde Romam proficiscens ad Aquinum accederet, obviam ei processit, ut est frequens municipium, magna sane multitudo. At iste operta lectica latus per oppidum est ut mortuus. Stulte Aquinates: sed tamen in via habitabant. Quid Anagnini? Qui, cum essent devii, descenderunt ut istum, tamquam si esset consul, salutarent. Incredibile dictu, sed

zurückgeben – ja kann man für eine solche Unverschämtheit überhaupt genügend Worte finden? Laß nur für ein Weilchen deine Bewaffneten abtreten, die wir da vor uns sehen, dann wirst du bald erkennen, daß eine Versteigerung, wie sie Caesar vornehmen ließ, nicht das gleiche ist wie deine anmaßenden und dreisten Aktionen. Denn nicht nur der Eigentümer wird dich von dort vertreiben, sondern einfach jeder – ob Freund, Nachbar, Gast oder Verwalter. Aber wie viele Tage lang hast du in diesem Haus deine schändlichen Trinkgelage abgehalten! Von früh um 9 Uhr an wurde gesoffen, gespielt und gekotzt. »Ach, armes Haus, was stehst du unter einem so grundverschiednen Herrn!«[116] – wie konnte der freilich als Herr gelten, aber »grundverschieden« paßt auf jeden Fall. Als Stätte seiner wissenschaftlichen Studien hatte es Marcus Varro gedacht, nicht als Lasterhöhle. (105) Was wurde früher in diesem Hause nicht alles besprochen, durchdacht und schriftlich niedergelegt! Das römische Recht, die Geschichte der Vorfahren, die gesamte Entwicklung der Philosophie und aller Gelehrsamkeit. Als du dich aber darin einquartiert hattest – beileibe nicht als Herr – da hallte alles wider vom Gegröle der Betrunkenen, der Fußboden schwamm in Wein, es trieften die Wände, freigeborene Knaben trieben sich mit feilen Kerlen, Huren unter verheirateten Frauen herum. Aus Casinum kamen die Leute, aus Aquinum und Interamna, um dir ihre Aufwartung zu machen. Vorgelassen wurde keiner. Ganz mit Recht, denn bei einem Menschen, der sich so schändlich aufführt, verlieren Amt und Würden ihren Glanz. (106) Als er dann auf dem Weg nach Rom in die Nähe von Aquinum kam, zog ihm eine große Menschenmenge entgegen; der Ort hat ja eine zahlreiche Bevölkerung. Aber der Bursche ließ sich in einer geschlossenen Sänfte durch den Ort tragen – wie einen Leichnam. Schön dumm, die Aquinaten; immerhin wohnten sie aber am Weg. Und die Leute aus Anagni? Obwohl sie weiter von der Straße weg wohnten, kamen sie herbei, um den Konsul zu begrüßen, ganz so als ob er wirk-

inter omnis constabat neminem esse resalutatum, praesertim cum duos secum Anagninos haberet, Mustelam et Laconem, quorum alter gladiorum est princeps, alter poculorum. (107) Quid ego illas istius minas contumeliasque commemorem quibus invectus est in Sidicinos, vexavit Puteolanos, quod C. Cassium et Brutos patronos adoptassent? Magno quidem studio, iudicio, benevolentia, caritate, non, ut te et Basilum, vi et armis, et alios vestri similis quos clientis nemo habere velit, non modo illorum cliens esse.

Interea dum tu abes, qui dies ille conlegae tui fuit, cum illud quod venerari solebas bustum in foro evertit? Qua re tibi nuntiata, ut constabat inter eos qui una fuerunt, concidisti. Quid evenerit postea nescio – metum credo valuisse et arma – conlegam quidem de caelo detraxisti effecistique non tu quidem etiam nunc ut similis tui, sed certe ut dissimilis esset sui. (108) Qui vero inde reditus Romam, quae perturbatio totius urbis! Memineramus Cinnam nimis potentem, Sullam postea dominantem, modo Caesarem regnantem videramus. Erant fortasse gladii, sed absconditi nec ita multi. Ista vero quae et quanta barbaria est! Agmine quadrato cum gladiis sequuntur; scutorum lecticas portari videmus. Atque his quidem iam inveteratis, patres conscripti, consuetudine obduruimus. Kalendis Iuniis cum in senatum, ut erat consti-

lich einer wäre. Kaum zu glauben, aber sie erklärten alle einstimmig, daß niemand zur Begrüßung empfangen worden sei. Dabei hatte er zwei Männer aus Anagni bei sich, Mustela und Laco, der eine ein Meister im Dreinhauen, der andere im Bechern. (107) Was soll ich seine Drohungen und Beleidigungen erwähnen, mit denen er gegen die Sidiciner losfuhr und die Leute von Puteoli drangsalierte, weil sie sich Gaius Cassius und die beiden Bruti als Patrone erwählt hatten? Das hatten sie freilich mit Eifer getan, aus gründlicher Überlegung, in freundschaftlicher Gesinnung und Zuneigung, nicht unter dem Druck der Waffen, wie es bei dir oder einem Basilus[117] geschieht, oder bei anderen euresgleichen, die keiner als Klienten haben will, geschweige daß er ihr Klient sein mag.

Und inzwischen, während deiner Abwesenheit, welch ein Tag für deinen Amtskollegen, als er das Grabmal auf dem Forum zerstören ließ,[118] das für dich ein Ort der Verehrung war. Als man dir das meldete, bist du – so verlautete es aus deiner Umgebung – völlig zusammengebrochen. Was dann später geschah, das weiß ich nicht – Einschüchterung und Waffengewalt haben sicher das Ihre getan –, jedenfalls hast du deinen Kollegen vom Himmel wieder auf die Erde heruntergeholt und es dahin gebracht, daß er zwar auch jetzt noch nicht ganz dein zweites Ich ist, aber auf jeden Fall sein besseres Ich verleugnet. (108) Und dann deine Rückkehr nach Rom, welche Aufregung in der ganzen Stadt! Wir erinnerten uns noch an die unumschränkte Macht des Cinna, wir hatten später die Gewaltherrschaft des Sulla und gerade eben das Regiment Caesars erlebt.[119] Da hatte es wohl auch Bewaffnete gegeben, aber doch nicht so offen und nicht in solcher Zahl. Bei dir dagegen – was für ein barbarischer Aufzug! In feldmarschmäßiger Ordnung folgen ihm die Soldaten, die Hand am Schwert, wir sehen dahinter Sänften, vollgeladen mit Schilden.[120] Aber diese Zustände haben sich ja längst eingebürgert, Senatoren, wir sind durch stete Gewöhnung dagegen abgestumpft. Als wir am 1. Juni,

tutum, venire vellemus, metu perterriti repente diffugimus. (109) At iste, qui senatu non egeret, neque desideravit quemquam et potius discessu nostro laetatus est statimque illa mirabilia facinora effecit. Qui chirographa Caesaris defendisset lucri sui causa, is leges Caesaris easque praeclaras, ut rem publicam concutere posset, evertit. Numerum annorum provinciis prorogavit; idemque, cum actorum Caesaris defensor esse deberet, et in publicis et in privatis rebus acta Caesaris rescidit. In publicis nihil est lege gravius; in privatis firmissimum est testamentum. Leges alias sine promulgatione sustulit, alias ut tolleret promulgavit. Testamentum inritum fecit, quod etiam infimis civibus semper obtentum est. Signa, tabulas, quas populo Caesar una cum hortis legavit, eas hic partim in hortos Pompei deportavit, partim in villam Scipionis.

(110) Et tu in Caesaris memoria diligens, tu illum amas mortuum? Quem is honorem maiorem consecutus erat quam ut haberet pulvinar, simulacrum, fastigium, flaminem? Est ergo flamen, ut Iovi, ut Marti, ut Quirino, sic divo Iulio M. Antonius? Quid igitur cessas? Cur non inauguraris? Sume diem, vide qui te inauguret: conlegae sumus; nemo negabit. O detestabilem hominem, sive quod tyranni sacerdos es sive quod mortui! Quaero deinceps num hodiernus dies qui sit ignores? Nescis heri quartum in circo diem

wie festgesetzt, in den Senat kommen wollten, da packte uns plötzlich der Schrecken, und wir flüchteten. (109) Aber dieser Kerl, der ja keinen Senat nötig hat, vermißte keinen von uns, er war eher noch froh über unser Ausbleiben und vollbrachte sogleich seine bewundernswerten Heldentaten. Er, der sich für Caesars Nachlaßverordnungen eingesetzt hatte, freilich seines eigenen Gewinnes wegen, er annullierte jetzt Gesetze Caesars, und zwar durchaus anerkennenswerte, nur um das gesamte Staatsgefüge erschüttern zu können. Er hat die Amtsdauer der Statthalter in den Provinzen verlängert, und derselbe Mann, der als Verteidiger von Caesars Beschlüssen hätte auftreten sollen, der hat dessen Maßnahmen im öffentlichen wie im privaten Bereich zunichte gemacht. Im öffentlichen Leben gibt es nichts, was mehr Gewicht hätte als ein Gesetz; im Privatleben aber ist ein Testament das stärkste Band. Er hob nun einige Gesetze ohne öffentliche Bekanntgabe auf; er veröffentlichte neue, um wieder andere aufzuheben.[121] Testamente hat er für ungültig erklärt, obwohl doch sogar die Bürger der alleruntersten Schichten ein Testament stets respektiert haben. Bildsäulen und Gemälde, die Caesar zugleich mit seinen Gärten dem Volk vermacht hat, ließ er teils in die Gärten des Pompeius bringen, teils in die Villa des Scipio.[122]

(110) Und du pflegst gewissenhaft Caesars Andenken, liebst ihn noch im Tode? Seine höchste Ehre bestand doch darin, daß er ein Götterpolster, eine Statue, ein Giebelfeld und einen eigenen Priester zugesprochen bekam.[123] So gut wie Iuppiter, Mars und Quirinus ihren eigenen Priester haben, so besitzt auch der göttliche Iulius einen, nämlich den Antonius. Was zögerst du daher noch? Warum läßt du dich nicht in dein Amt einführen? Bestimme einen Tag, sieh zu, wer dich inaugurieren soll. Wir sind Kollegen, niemand wird sich weigern. Du fluchwürdiger Mensch, ob du nun Priester eines Tyrannen oder eines Toten bist! Ich frage weiter: Weißt du nicht, was heute für ein Tag ist? Du weißt wohl nicht, daß gestern der vierte Tag der Römischen Spiele

ludorum Romanorum fuisse? te autem ipsum ad populum tulisse ut quintus praeterea dies Caesari tribueretur? Cur non sumus praetextati? cur honorem Caesaris tua lege datum deseri patimur? an supplicationes addendo diem contaminari passus es, pulvinaria noluisti? Aut undique religionem tolle aut usque quaque conserva. (111) Quaeris placeatne mihi pulvinar esse, fastigium, flaminem. Mihi vero nihil istorum placet: sed tu qui acta Caesaris defendis quid potes dicere cur alia defendas, alia non cures? Nisi forte vis fateri te omnia quaestu tuo, non illius dignitate metiri. Quid ad haec tandem? exspecto enim eloquentiam. Disertissimum cognovi avum tuum, at te etiam apertiorem in dicendo. Ille numquam nudus est contionatus: tuum hominis simplicis pectus vidimus. Respondebisne ad haec, aut omnino hiscere audebis? Ecquid reperies ex tam longa oratione mea cui te respondere posse confidas?

(112) Sed praeterita omittamus: hunc unum diem, unum, inquam, hodiernum diem, hoc punctum temporis, quo loquor, defende, si potes. Cur armatorum corona senatus saeptus est, cur me tui satellites cum gladiis audiunt, cur valvae Concordiae non patent, cur homines omnium gentium maxime barbaros, Ituraeos, cum sagittis deducis in forum? Praesidi sui causa se facere dicit. Non igitur miliens perire est melius quam in sua civitate sine armatorum praesidio non posse vivere? Sed nullum est istuc, mihi crede,

im Zirkus war? Und daß du selbst beim Volk beantragt hast, es solle noch ein fünfter Tag zu Ehren Caesars hinzugefügt werden![124] Warum sind wir nicht im Festgewand? Wieso dulden wir es, daß die durch dein Gesetz verfügte Ehrung Caesars unterbleibt? Oder hast du es in Kauf genommen, das Dankfest durch einen zusätzlichen Tag zu entweihen, aber Götterpolster, das willst du nun doch nicht! Entweder du machst überhaupt Schluß mit den religiösen Gebräuchen, oder du achtest sie in jedem Fall! (111) Du fragst, ob ich das gut finde: Götterpolster, Giebelfeld und Priester. Mir gefällt nichts von alledem – aber du bist ja der Verteidiger von Caesars Verordnungen, was kannst du für einen Grund angeben, daß du einen Teil davon durchsetzt, dich um anderes aber gar nicht kümmerst? Es sei denn, du gibst zu, daß du alles nur nach deinem Gewinn bemißt und nicht nach der Würde Caesars. Was willst du am Ende darauf antworten? Ich warte auf eine Probe deiner Redekunst. Ich kannte deinen Großvater als einen glänzenden Redner; aber du bist, wie ich weiß, noch offenherziger beim Reden. Er trat niemals nackt vors Volk; dich aber haben wir so richtig frank und frei erlebt.[125] Ob du mir hierauf eine Antwort gibst, oder ob du es überhaupt wagst, den Mund aufzumachen? Wirst du in meiner langen Rede überhaupt einen Punkt finden, wo du mit gutem Gewissen einhaken kannst?

(112) Doch lassen wir die Vergangenheit beiseite! Rechtfertige dich nur, wenn du kannst, wegen dieses einen Tages, nur wegen dieses einen, sage ich, hier und heute, in diesem Moment, in dem ich spreche. Warum ist der Senat von einem Ring Bewaffneter umschlossen? Warum hören mir deine Trabanten zu, mit dem Schwert in der Hand? Warum stehen die Torflügel des Concordiatempels nicht offen, warum läßt du die schlimmsten aller Barbaren, Ituräer mit Pfeil und Bogen, auf dem Forum aufmarschieren? – Er tut das zu seinem eigenen Schutz, sagt er. – Ist es nicht tausendmal besser zu sterben, als in der eigenen Stadt ohne bewaffneten Schutz nicht leben zu können? Das ist doch kein

praesidium: caritate te et benevolentia civium saeptum oportet esse, non armis. (113) Eripiet et extorquebit tibi ista populus Romanus, utinam salvis nobis! Sed quoquo modo nobiscum egeris, dum istis consiliis uteris, non potes, mihi crede, esse diuturnus. Etenim ista tua minime avara coniunx quam ego sine contumelia describo nimium diu debet populo Romano tertiam pensionem. Habet populus Romanus ad quos gubernacula rei publicae deferat: qui ubicumque terrarum sunt, ibi omne est rei publicae praesidium vel potius ipsa res publica, quae se adhuc tantum modo ulta est, nondum recuperavit. Habet quidem certe res publica adulescentis nobilissimos paratos defensores. Quam volent illi cedant otio consulentes; tamen a re publica revocabuntur. Et nomen pacis dulce est et ipsa res salutaris; sed inter pacem et servitutem plurimum interest. Pax est tranquilla libertas, servitus postremum malorum omnium, non modo bello sed morte etiam repellendum. (114) Quod si se ipsos illi nostri liberatores e conspectu nostro abstulerunt, at exemplum facti reliquerunt. Illi quod nemo fecerat fecerunt. Tarquinium Brutus bello est persecutus, qui tum rex fuit cum esse Romae licebat; Sp. Cassius, Sp. Maelius, M. Manlius propter suspicionem regni appetendi sunt necati: hi primum cum gladiis non in regnum appetentem, sed in regnantem impetum fecerunt. Quod cum ipsum factum per se praeclarum est atque divinum, tum expositum ad imitandum est, praesertim

Schutz, glaub mir nur! Liebe und Wohlwollen deiner Mitbürger müssen dich schirmen, nicht Waffen. (113) Die wird dir das römische Volk entreißen und aus der Hand winden – hoffentlich ohne Schaden für uns! Doch magst du auch mit uns umgehen, wie du willst; solange du solche Methoden anwendest, wirst du dich nicht lange mehr halten können, das glaube mir. Deiner Gattin, die ich hier mit geziemendem Respekt nenne, ist ja jeglicher Geiz fern: Sie schuldet dem römischen Volk schon gar zu lange ihre dritte Rate.[126] Das römische Volk hat Männer, denen es das Steuerruder des Staates anvertrauen kann.[127] Wo auf der Welt sie auch sein mögen, dort ist das Bollwerk des Staates, ja ist das Gemeinwesen selbst. Hat es auch seine Rache genommen, so hat es doch bis jetzt seine Selbständigkeit noch nicht wiedergewonnen. Ja, der Staat hat hochedle junge Männer, die als Verteidiger bereitstehen. Mögen sie sich auch zurückgezogen haben, um der Sache des Friedens zu dienen, sie werden doch von der Gemeinschaft zurückgerufen werden! Das Wort Frieden hat zwar einen süßen Klang, und der Friede selbst ist ein heilsamer Zustand, aber zwischen Frieden und Knechtschaft ist ein gewaltiger Unterschied. Der Friede besteht in ungestörtem Genuß der Freiheit, Knechtschaft aber ist das äußerste aller Übel, das man nicht nur durch Krieg, sondern sogar mit dem Tod abzuwehren hat. (114) Haben sich unsere Befreier auch unserem Anblick entzogen, so haben sie uns doch das Beispiel ihrer Tat hinterlassen. Was noch keiner tat, das haben sie getan. Den Tarquinius vertrieb Lucius Brutus im Krieg, und er war in Rom König gewesen, als dies noch legal war. Spurius Cassius, Spurius Maelius und Marcus Manlius wurden getötet, nur weil man sie verdächtigte, nach dem Königtum zu streben. Diese Männer hier sind als erste mit der Waffe gegen einen Mann vorgegangen, der nicht nach der Königskrone strebte, sondern bereits eine Königsherrschaft ausübte. Das ist eine Tat, die an und für sich schon großartig und geradezu göttlich ist; sie steht aber auch vor uns als Vorbild zur Nachahmung,

cum illi eam gloriam consecuti sint quae vix caelo capi posse videatur. Etsi enim satis in ipsa conscientia pulcherrimi facti fructus erat, tamen mortali immortalitatem non arbitror contemnendam.

(115) Recordare igitur illum, M. Antoni, diem quo dictaturam sustulisti; pone ante oculos laetitiam senatus populique Romani; confer cum hac nundinatione tua tuorumque: tum intelleges quantum inter laudem et lucrum intersit. Sed nimirum, ut quidam morbo aliquo et sensus stupore suavitatem cibi non sentiunt, sic libidinosi, avari, facinerosi verae laudis gustatum non habent. Sed si te laus adlicere ad recte faciendum non potest, ne metus quidem a foedissimis factis potest avocare?

Iudicia non metuis: si propter innocentiam, laudo; sin propter vim, non intellegis, qui isto modo iudicia non timeat, ei quid timendum sit? (116) Quod si non metuis viros fortis egregiosque civis, quod a corpore tuo prohibentur armis, tui te, mihi crede, diutius non ferent. Quae est autem vita dies et noctes timere a suis? Nisi vero aut maioribus habes beneficiis obligatos quam ille quosdam habuit ex eis a quibus est interfectus, aut tu es ulla re cum eo comparandus. Fuit in illo ingenium, ratio, memoria, litterae, cura, cogitatio, diligentia; res bello gesserat, quamvis rei publicae calamitosas, at tamen magnas; multos annos regnare meditatus, magno

zumal sich jene Männer solchen Ruhm erworben haben, daß kaum der Himmel ihn fassen kann. Wohl fanden sie im Bewußtsein ihrer herrlichen Tat genügend Lohn, doch meine ich, man sollte als Sterblicher unsterblichen Ruhm nicht verschmähen.

(115) Erinnere dich daher an den Tag, Marcus Antonius, an dem du die Diktatur abgeschafft hast, vergegenwärtige dir die Freude des Senats und des römischen Volkes und halte dagegen diese Schacherwirtschaft, die du samt den Deinen betreibst. Dann erkennst du, welch ein Unterschied zwischen Ruhm und Krämertum besteht. Aber freilich, es gibt manche, die den Wohlgeschmack einer Speise nicht mehr empfinden können, sei es infolge einer Krankheit, oder weil ihr Sinn dafür abgestumpft ist. Ebenso haben auch lasterhafte, habgierige und verbrecherisch veranlagte Menschen keinen Geschmack an wahrem Ruhm. Doch wenn die Aussicht auf Ruhm für dich kein Anreiz zum rechten Tun ist – kann dich denn nicht einmal die Furcht von den allerschlimmsten Schandtaten zurückhalten?

Die Gerichte fürchtest du nicht: lobenswert, wenn du ein reines Gewissen hast. Falls du dich aber auf Gewaltanwendung verläßt – merkst du nicht, was man zu fürchten hat, wenn man dank solcher Mittel die Gerichte nicht mehr zu fürchten braucht? (116) Wenn du auch vor tüchtigen Männern und braven Bürgern keine Angst mehr zu haben brauchst – die hältst du dir ja mit Waffengewalt vom Leibe –, so werden deine eigenen Leute, glaub es mir, dich nicht auf die Dauer ertragen. Was ist das aber für ein Leben – Tag und Nacht in Furcht zu sein vor den eigenen Leuten? Es sei denn, du hättest sie mit noch reicherem Lohn geködert, als Caesar es bei einigen tat, die ihn dann ermordeten. Oder du könntest es, worin auch immer, mit ihm aufnehmen. Er besaß Geist, einen scharfen Verstand, ein gutes Gedächtnis, wissenschaftliche Bildung, Arbeitskraft, Scharfsinn und Umsicht. Seine Kriegstaten waren zwar ein Unglück für den Staat; sie waren aber dennoch bedeutend. Viele Jahre hatte

labore, magnis periculis quod cogitarat effecerat; muneribus, monumentis, congiariis, epulis multitudinem imperitam delenierat; suos praemiis, adversarios clementiae specie devinxerat. Quid multa? Attulerat iam liberae civitati partim metu partim patientia consuetudinem serviendi. (117) Cum illo ego te dominandi cupiditate conferre possum, ceteris vero rebus nullo modo comparandus es. Sed ex plurimis malis quae ab illo rei publicae sunt inusta hoc tamen boni est quod didicit iam populus Romanus quantum cuique crederet, quibus se committeret, a quibus caveret. Haec non cogitas, neque intellegis satis esse viris fortibus didicisse quam sit re pulchrum, beneficio gratum, fama gloriosum tyrannum occidere? An, cum illum homines non tulerint, te ferent? (118) Certatim posthac, mihi crede, ad hoc opus curretur neque occasionis tarditas exspectabitur.

Respice, quaeso, aliquando rem publicam, M. Antoni, quibus ortus sis, non quibuscum vivas considera: mecum [fac] ut voles: redi cum re publica in gratiam. Sed de te tu videris; ego de me ipse profitebor. Defendi rem publicam adulescens, non deseram senex: contempsi Catilinae gladios, non pertimescam tuos. Quin etiam corpus libenter obtulerim, si repraesentari morte mea libertas civitatis potest, ut aliquando dolor populi Romani pariat quod iam diu parturit! (119) Etenim si abhinc annos prope viginti hoc ipso in

er auf die Errichtung einer Zwangsherrschaft hingearbeitet, mit großer Anstrengung und beträchtlichem Risiko hatte er seine Pläne in die Tat umgesetzt. Durch Spiele, Bauten, Spenden und Volksbankette hatte er die unwissende Menge geködert; seine Anhänger hatte er durch Belohnungen, seine Gegner durch den Schein der Milde an sich gefesselt. Mit einem Wort: Er hatte eine freie Bürgergemeinschaft alsbald teils durch Einschüchterung, teils durch Nachgiebigkeit an das Sklavenjoch gewöhnt. (117) Mit ihm könnte ich dich allenfalls, was die Herrschsucht angeht, auf eine Stufe stellen. In allem übrigen reichst du überhaupt nicht an ihn heran. Aber bei all diesen Übeln, die er der Bürgerschaft eingebrannt hat, findet sich doch noch das eine Gute: Das römische Volk hat jetzt gelernt, wieweit es jemandem trauen darf, in wessen Hände es sich geben kann, vor wem es sich zu hüten hat. Begreifst du das nicht, siehst du das nicht ein? Wackeren Männern genügt die Lehre, welch herrliche Tat, welch dankbare Aufgabe und welch ruhmvolles Unternehmen es ist, einen Tyrannen zu töten. Wenn man ihn nicht ertragen konnte – wird man etwa dich dulden? (118) Man wird sich künftig, glaube mir, in edlem Wettstreit zu einer solchen Tat drängen und nicht erst lange auf eine Gelegenheit warten.

Ich bitte dich, Marcus Antonius, nimm doch endlich einmal Rücksicht auf das Gemeinwesen! Bedenke, woher du stammst, nicht mit wem du Umgang hast. Mit mir verfahre, wie du willst, aber söhne dich aus mit dem Gemeinwesen! Doch was dich angeht, da mußt du selber zusehen; was aber mich betrifft, so will ich mich dir offen erklären: Ich habe das Gemeinwesen in jungen Jahren verteidigt, ich werde es im Alter nicht im Stich lassen. Ich habe die Schwerter Catilinas verachtet, ich werde auch deine nicht fürchten. Ja, ich würde sogar mein Leben gerne dahingeben, wenn durch meinen Tod die Freiheit der Bürgerschaft verwirklicht werden könnte. Daß doch endlich einmal die Erbitterung des römischen Volkes das zutage bringt, womit es schon so lange umgeht! (119) Denn wenn ich vor bald zwanzig Jahren

templo negavi posse mortem immaturam esse consulari, quanto verius nunc negabo seni? Mihi vero, patres conscripti, iam etiam optanda mors est, perfuncto rebus eis quas adeptus sum quasque gessi. Duo modo haec opto, unum ut moriens populum Romanum liberum relinquam – hoc mihi maius ab dis immortalibus dari nihil potest – alterum ut ita cuique eveniat ut de re publica quisque mereatur.

in diesem Tempel hier gesagt habe, einen Mann, der Konsul gewesen sei, könne der Tod nicht zu früh treffen,[128] so kann ich das heute in meinem Alter mit noch viel mehr Berechtigung sagen. Ja, Senatoren, der Tod kommt mir erwünscht, nachdem ich all meine Pläne und Aufgaben erfüllt habe. Zwei Dinge wünsche ich nur noch: Einmal, daß ich bei meinem Tod das römische Volk in Freiheit zurücklasse – das größte Geschenk, das mir die unsterblichen Götter gewähren könnten – und zum anderen, daß es jedem zuletzt so ergehe, wie er es um das Gemeinwesen verdient hat.

Anmerkungen

Erste Philippische Rede

Gliederung:

§§ 1–10	Gründe für Ciceros Abreise und Rückkehr.
§§ 11–12	Beschwerde gegen Antonius.
§ 13	Warnung vor Religionsfrevel durch Vergottung Caesars.
§§ 14–26	Kritik an der Staatsführung der Konsuln: Mißbrauch der Acta Caesaris und Aufhebung seiner Gesetze.
§§ 27–38	Appell an die Konsuln, den Staat gesetzmäßig zu leiten, dem Vormachtstreben zu entsagen und in der Sorge für das Gemeinwohl wahren Ruhm zu gewinnen.

1 Am 17. März 44. Der Tempel der Tellus, der Mutter Erde, lag am Abhang des Esquilin, dem Forum zugewandt.

2 Amnestie. Nach dem Sturz der dreißig Tyrannen in Athen hatte der Spartaner Pausanias 403 v. Chr. eine Verständigung zwischen der Volkspartei und den Oligarchen (Aristokraten) bewirkt. Dabei wurde beschlossen, daß man der Zwistigkeiten nicht mehr gedenken und den Gegner nicht verfolgen wolle. Vielmehr sollten Friede und Eintracht herrschen (ὁμόνοια).

3 Die Caesarmörder, die sich die Befreier nannten. Der Konsul Marcus Antonius und der Befehlshaber der Reiterei (*magister equitum*) Lepidus sandten ihre Söhne als Geiseln auf das Kapitol, wo die Caesarmörder Schutz gesucht hatten. Am Abend luden sie Brutus und Cassius zu Gast.

4 Nach Ciceros Ansicht hat Antonius erst nach der radikalen Änderung seiner Politik seit dem 1. Juni damit begonnen, die Acta Caesaris, dessen schriftlichen Nachlaß, zu fälschen. Vgl. Phil. I 6; Phil. II 92 ff.

5 Sextus Clodius (oder Cloelius), ein Rädelsführer des aufrührerischen Volkstribunen P. Clodius, der ein erbitterter Feind Ciceros gewesen und von T. Annius Milo erschlagen worden war (52 v. Chr., vgl. Phil. II 21). Sextus war wegen Aufruhrs und Gewalttaten verbannt worden. Das Schreiben des Antonius

über seine Rückberufung sowie Ciceros Antwort siehe ad Att. XIV 13 A und B (Zählung der Cicerobriefe nach der Tusculum-Ausgabe). Cicero erklärt Phil. II 10 wie auch Atticus gegenüber das Ansinnen des Antonius als eine Farce. – Sextus Clodius diente Antonius als Rhetor (»Redetrainer«) und Sekretär, vgl. Phil. II 8, 43, 96, 101.

6 Servius Sulpicius Rufus, Konsul 51 v. Chr., großer Rechtsgelehrter (von Cicero gerühmt in de off. II 65), starb im Januar 43 auf einer Gesandtschaftsreise zu Antonius nach Mutina, vgl. Phil. IX.

7 Caesar hatte sich zum Diktator auf Lebenszeit (*dictator perpetuus*) ernannt.

8 Ein Grieche namens Herophilus, der sich Amatius nannte und als Enkel des Gaius Marius ausgab, des Führers der Popularen und Siegers über die Kimbern und Teutonen (101 v. Chr.). Von Caesar verbannt, kehrte er nach dessen Tod nach Rom zurück und versuchte, das Volk gegen die Caesarmörder aufzuwiegeln. Antonius ließ ihn am 13. April hinrichten. Er bekundete damit seine Sympathie gegenüber Brutus sowie auch sein Einverständnis mit P. Cornelius Dolabella, der als Ersatzkonsul Caesars Stellung eingenommen hatte. Zunächst hatte Antonius der Amtsübernahme Dolabellas ablehnend gegenübergestanden. Vgl. Phil. I 31; II 79 ff.

9 Für Caesar, vgl. Phil. II 91. Ein »Unbegräbnis« wird es genannt, weil es nach dem Zwölftafelgesetz untersagt war, einen Toten innerhalb der Stadtmauern zu verbrennen. Caesar sollte im Anschluß an die Leichenfeier auf dem Marsfeld beigesetzt werden, die aufgebrachte Menge errichtete jedoch einen Scheiterhaufen auf dem Forum und verbrannte Caesars Leiche dort. Vgl. Plut. Ant. 14, Caes. 68, Brut. 20; Suet. Iul. Caes. 84 f. An der Verbrennungsstelle war eine Säule zu Ehren Caesars errichtet worden.

10 Aulus Hirtius und C. Vibius Pansa, die von Caesar für das Jahr 43 zu Konsuln bestimmt worden waren. Obwohl sie Caesarianer waren, erwartete man von ihnen eine senatsfreundliche Politik.

11 Während der Sitzungsperiode des Senats durften die Senatoren Italien nicht verlassen, außer wenn sie Legaten, d. h. Amtsgehilfen eines Statthalters, waren. Als Inhaber einer *legatio libera* konnte man zu besonderen Missionen in den Provinzen einge-

setzt werden; das Amt wurde auch gefälligkeitshalber verliehen, wie hier von Dolabella an seinen ehemaligen Schwiegervater Cicero.

12 Dort waren gerade die Legionen gelandet, die Antonius aus Makedonien zurückbeordert und sich selbst unterstellt hatte.

13 Zu Syrakus und den Siziliern hatte Cicero freundschaftliche Beziehungen, seit er dort Quaestor gewesen war und den räuberischen Statthalter der Provinz, Gaius Verres, vor Gericht gezogen hatte (vgl. Ciceros *Reden gegen Verres*). Antonius hatte die Sizilier kürzlich mit dem Bürgerrecht beschenkt und sie damit gewissermaßen seinem Patronat unterstellt. Cicero meint, es hätte nun so aussehen können, als wolle er kraft seiner alten Beziehungen die Sizilier von Antonius abspenstig machen.

14 Am äußersten Ausläufer des Apennin.

15 Das Manifest des Brutus und Cassius sowie ein weiteres Schreiben beider an Antonius sind in Ciceros Korrespondenz erhalten (ad fam. XI 2 und 3).

16 Antonius hatte durch einen rechtlich anfechtbaren Beschluß (*lex de permutatione provinciarum* – Gesetz über den Austausch der Provinzen) das ihm durchs Los zugefallene Makedonien durch Gallien ersetzt, das ihm eine bessere Operationsbasis im Anschluß an sein Konsulat bot.

17 Das alte Elea, südlich von Paestum, wo sich Brutus aufhielt. Er hatte den offiziellen Auftrag erhalten, in Sizilien und im Osten Getreide aufzukaufen (*curatio frumenti*). Über das Treffen vgl. ad Att. XVI 7,5.

18 L. Calpurnius Piso, Konsul 58, Schwiegervater Caesars. Er hatte die von Antonius betriebene Gewaltpolitik verurteilt.

19 Hier ist nicht an eine persönliche Freundschaft zu denken, sondern an *amicitia* als politisch-gesellschaftliche Verbindung zur gegenseitigen Unterstützung im öffentlichen Leben, z. B. bei den Wahlen, also etwa »Parteifreundschaft«. Über seine Freundschaft zu Antonius schreibt Cicero ad fam. XI 6(5),2: »Ich bin immer sein Freund gewesen, bis ich erkennen mußte, daß er nicht nur offen, sondern sogar gerne mit unserem Staat Krieg führt.« (9. Dezember 44.)

20 Im Jahre 280 v. Chr. sandte König Pyrrhus von Epirus nach seinem Sieg über die Römer Friedensunterhändler nach Rom. Appius Claudius Caecus (der Blinde), Konsul 307 und 296, der

Erbauer der Via Appia, ließ sich in den Senat tragen, um sich gegen das Friedensangebot des Pyrrhus auszusprechen.

21 Ciceros Haus auf dem Palatin wurde während seiner Verbannung 58 v. Chr. von seinem politischen Gegner P. Clodius zerstört und nach Ciceros Rückkehr auf Staatskosten wieder aufgebaut (vgl. Ciceros Rede *De domo sua – Für sein Haus*).

22 Antonius wollte den öffentlichen Dankfesten an die Götter noch einen Gedenktag für Caesar anfügen, vgl. Phil. II 110. Cicero weist mit Nachdruck darauf hin, daß es den religiösen Anschauungen widerspricht, Ehrungen für einen Toten in den Bereich des Götterkultes zu übertragen. Das Heil des römischen Staates, die *salus publica*, beruht nach allgemeiner Anschauung auf der sorgfältigen Beachtung des Kultes; dies bedeutet *religio* im ursprünglichen Sinne. Ein solcher Verstoß gegen den Kult bedroht den Staat in seiner Existenz, daher wendet sich Cicero hier wie auch in der 2. Phil. mit Entschiedenheit gegen die beginnende Vergottung Caesars, den Kult des *divus Iulius*, wie auch gegen die Mißachtung der Auspizien und des gesamten Augurenrechtes durch Antonius.

23 L. Brutus vertrieb um 505 v. Chr. den König Tarquinius Superbus und begründete die römische Republik, deren erster Konsul er wurde.

24 D. h., sie haben sich von Antonius bestechen lassen, vgl. 17 Ende und die folgende Anm.

25 Ops, altitalische Göttin des Segens der Erde und der Fruchtbarkeit, Gemahlin des Saturn. In ihrem Tempel auf dem Kapitol hatte Caesar 700 000 Sesterzen für den Partherkrieg deponiert gehabt, Konfiskationsgelder aus dem Bürgerkrieg. Antonius hatte das Geld an sich gebracht, um seine Schulden zu bezahlen und Anhänger zu werben. Phil. II 107 Ende deutet Cicero an, daß auch Dolabella sich bestechen ließ. Vgl. ad Att. XVI 17(15),1: »Ich habe ihn dazu gebracht, den Staat zu verteidigen, und jetzt hat er ihn, für Geld erkauft, nicht nur im Stich gelassen, sondern nach Kräften zugrunde gerichtet.«

26 Wörtl.: des Gracchus, d. h. Gaius Sempronius Gracchus, Volkstribun 123 v. Chr., der gewöhnlich gemeinsam mit seinem Bruder Tiberius (Volkstribun 133) erwähnt wird. Die Gracchen betrieben eine Reformpolitik und -gesetzgebung. P. Cornelius Sulla, 82–79 Diktator, erließ Gesetze zur Verfassungsänderung. Der Triumvir Pompeius suchte i. J. 52 als

alleiniger Konsul (*consul sine collega*) durch Gesetze die innenpolitischen Unruhen beizulegen, die nach der Ermordung des Clodius entstanden waren; vgl. Phil. II 22 und die Anm. 28 dazu.

27 Caesar hatte dieses Gesetz i. J. 46 erlassen. Antonius brachte nun einen Antrag ein, nach dem er und Dolabella 5 Jahre lang im Besitz ihrer Konsularprovinzen bleiben sollten.

28 Die römischen Gerichte waren seit dem Jahr 70 aus den drei Ständen der Senatoren, Ritter und Aerartribunen besetzt. Caesar hatte i. J. 46 die dritte Klasse aufgehoben. Antonius gestattete nun in seiner *lex iudiciaria* allen ehemaligen Centurionen (Kompanieführern) den Zugang zum Richteramt, ohne daß sie vorher Tribunen gewesen waren. Vgl. auch Phil. V 12 f.

29 Gute Vermögensverhältnisse sollten gewährleisten, daß der Richter sich vom Reichtum eines Angeklagten nicht beeindrukken ließ und daß er Bestechungen weniger leicht zugänglich war.

30 Die Fünfte Legion, die von Caesar aus Galliern rekrutiert und erst von ihm das römische Bürgerrecht erhalten hatte. Ihren Namen hatte sie von Federbüschen auf den Helmen. Phil. V 12 erklärt Cicero, statt der Männer aus der Haubenlerchenlegion habe Antonius Glücksspieler, Verbannte und Griechen zu Richtern gemacht.

31 Gesetzesanträge mußten 27 Tage lang (*tria nundina*, während dreier Markttage, die alle 9 Tage stattfanden) öffentlich ausgehängt werden. Erst dann wurde das Gesetz dem Volk zur Annahme oder Ablehnung vorgelegt. Die angenommenen Gesetze wurden auf Bronzetafeln geschrieben im Aerarium aufbewahrt.

32 Die übliche Formel für die Verbannung.

33 Durch Interzession oder Veto (Einspruch) konnten die Volkstribunen Verfügungen von Beamten aufheben oder ihre Durchführung unterbrechen. Die Augurn konnten durch Meldung ungünstiger Vorzeichen (Auspizien) an die Beamten ebenfalls eine Vetofunktion ausüben. Vgl. Phil. II 80 f. und Anm. 88.

34 Der Großvater väterlicherseits war der berühmte Redner M. Antonius, Konsul 99, der im Bürgerkrieg zwischen Marius und Sulla ermordet wurde. Er tritt in Ciceros Dialog *De oratore – Vom Redner* als einer der beiden Hauptunterredner auf. Der Großvater mütterlicherseits war L. Iulius Caesar, aus der Fami-

lie des Diktators, Konsul 90. Durch seine *lex Iulia* wurde nach dem Bundesgenossenkrieg 89 v. Chr. den treugebliebenen Italikern das Bürgerrecht verliehen. Der Oheim mütterlicherseits war L. Iulius Caesar, Konsul 64, der 63 die Hinrichtung der Catilinarier befürwortet hatte. Antonius ließ ihn später auf die Proskriptionslisten setzen.

35 Er war der Gatte von Ciceros verstorbener Tochter Tullia.

36 Vgl. § 5 Ende. Es war der Tag, an dem Dolabella die Unruhen nach Caesars Leichenfeier beendet hatte und vom Volk gefeiert wurde (vgl. Ciceros Glückwunschbrief ad Att. XIV 17 A). Im Jahre 47 hatte Dolabella das Volk gegen sich aufgebracht, als er Unruhen blutig niederschlug, die infolge seines eigenen Antrags auf Schuldenerlaß (*tabulae novae*) entstanden waren. Vgl. Plut. Ant. 9.

37 Vgl. Phil. II 83 f. – Der Tag war der 17. März 44, vgl. § 1 ff.

38 Er wurde beschuldigt, nach der Alleinherrschaft gestrebt zu haben, und vom Tarpejischen Felsen gestürzt (384 v. Chr.).

39 Anspielung auf Antonius' Gattin Fulvia, die als äußerst habgierig galt, und auf seinen Bruder Lucius, dem man vorwarf, sich als Vorsitzender der Landverteilungskommission für die Veteranen bereichert zu haben.

40 Aus der Tragödie *Atreus* des Accius, später der Wahlspruch des Kaisers Caligula (vgl. Suet. Cal. 30).

41 Nicht nur in Ciceros *De oratore*, sondern auch in seinem *Brutus* wird der Redner M. Antonius als Vorbild dargestellt, vgl. Brut. 138–142. Zum Tode des Antonius vgl. de or. III 10.

42 Diese Gedanken führt Cicero in seiner gleichzeitig entstandenen Pflichtenlehre *De officiis* näher aus. Vgl. z. B. II 22 ff.

43 Ti. Cannutius zitierte Antonius wegen seiner Gewaltpolitik vor die Volksversammlung (vgl. Cic. ad fam. XII 3,2). L. Cassius Longinus, Bruder des Caesarmörders Cassius, wurde im Theater mit lautem Beifall bedacht, da er Antonius' Politik gerügt hatte (Cic. ad Att. XIV 2,1).

44 Festspiele zu Ehren des Apollo, vom 6.–13. Juli. Sie mußten jeweils vom Stadtpraetor abgehalten werden, diesmal also von Brutus, der sich aber außerhalb von Rom aufhielt, da er für seine Sicherheit fürchtete. Gaius Antonius, der Bruder des Marcus, der ebenfalls Praetor war, veranstaltete die Spiele stellvertretend für Brutus.

45 Es war die Tragödie *Tereus* des Accius (170 bis etwa 90

v. Chr.), wie aus einem Brief Ciceros hervorgeht: ad Att. XVI 4(2),3. Cicero bedauert es, daß das römische Volk nur zum Beifall die Hände regt und nicht zur Wiederherstellung seiner Freiheit.

46 Der designierte Konsul, der schwer erkrankt war.

Zweite Philippische Rede

Gliederung:

§§ 1–43	Widerlegung der Vorwürfe des Antonius.
	11–36 Rechtfertigende Darstellung von Ciceros politischem Leben: Konsulat, Unterdrückung der Verschwörung des Catilina, Ermordung des Clodius, Freundschaft zu Pompeius, Haltung im Bürgerkrieg. Caesars Ermordung, Beurteilung der Tat des Brutus und Cassius.
	36–43 Rechtfertigung gegenüber persönlichen Vorwürfen: Ciceros Verhalten im Lager des Pompeius, Erbschaften.
§§ 44–112	Angriff auf Antonius: Kritische Beurteilung seines Lebens von Jugend an.
	Antonius als Quaestor und Volkstribun: Anstifter des Bürgerkriegs, Handlanger des Tyrannen Caesar. Private Skandale. Antonius als Konsul. Seine Rolle beim Luperkalienfest. Die Ermordung Caesars. Positive Haltung des Antonius am 17. März, dann Umschwung: Schacherwirtschaft mit Caesars Papieren, Unterschlagung von Staatsgeldern, Mißachtung religiöser und staatlicher Gebräuche, Willkürherrschaft.
§§ 112–119	Warnung an Antonius vor dem Schicksal eines Tyrannen. Letzter Appell an Antonius' Staatsgesinnung. Entschlossenheit Ciceros zur Verteidigung des Staates.

1 Die Catilinarier, die hingerichtet wurden, sowie P. Clodius, der erschlagen wurde.

2 Nach der Unterdrückung der Catilinarischen Verschwörung

wurde zu Ehren Ciceros ein Dankfest an die Götter abgehalten und er wurde mit dem Titel *pater patriae* (Vater des Vaterlandes) ausgezeichnet.

3 Es handelte sich vermutlich um Sicca, den Freund, bei dem Cicero auf seiner Reise in Vibo Station gemacht hatte (vgl. ad Att. XVI 6,1). Dieser hatte offenbar einen Rechtshandel mit einem der Anhänger des Antonius, und letzterer hatte einen Volkstribunen dazu gebracht, Einspruch einzulegen. Cicero drückt sich absichtlich dunkel aus; Atticus hatte ihm nach der Durchsicht des Manuskripts geraten, nicht allzu deutlich zu werden, sowohl was Sicca, als auch was Fadia, die erste Frau des Antonius, anging. Vgl. ad Att. XVI 11,1.

4 C. Scribonius Curio, zunächst Anhänger des Pompeius, dann, nachdem Caesar ihn durch bedeutende Geldmittel für sich gewonnen hatte, eifriger Parteigänger Caesars, 50 v. Chr. mit Antonius zusammen Volkstribun, entscheidend am Bruch Caesars mit dem Senat beteiligt, wofür Cicero § 51 ff. ausschließlich Antonius verantwortlich macht. Vgl. Plut. Ant. 5, Caes. 30.

5 Der Triumvir und der berühmte Redner. Cicero wurde i. J. 53 in das Augurenkollegium aufgenommen.

6 Nach der Schlacht von Pharsalos (August 48) verbot Caesar den besiegten Pompeianern, Italien zu betreten, bevor er selbst aus Alexandria zurückgekehrt sei. Im Oktober 48 kam Cicero in Brundisium an. Antonius – als Magister equitum der Stellvertreter Caesars – teilte ihm in höflicher Form die Anordnung Caesars mit; Cicero wies nach, daß er durch seinen Schwiegersohn, den Caesarfreund Dolabella, eine Ausnahmegenehmigung besäße. Antonius respektierte dies. So berichtet Cicero ad Att. XI 8(7),2. Von Morddrohungen ist dort keine Rede. Allerdings mußte Cicero elf Monate in Brundisium ausharren, bis er auf seine Landgüter weiterreisen durfte.

7 Es war gesetzlich festgelegt, daß niemand für sich selbst oder für seine Angehörigen ein Gesetz beantragen oder persönliche Vorteile aus einem Gesetzesantrag ziehen durfte.

8 Als Antonius den Austausch der Provinzen vornahm, wollte er Dolabella mit Syrien zufriedenstellen. Während er das Gesetz durchbrachte, legte ein Volkstribun sein Veto ein, da ungünstige Auspizien vorlägen. Antonius ging jedoch darüber hinweg (vgl. App. bell. civ. III 1,7).

9 Der Triumvir Marcus Crassus, den Cicero verdächtigte, sowohl

bei der Verschwörung des Catilina wie auch bei seiner eigenen Verbannung im Hintergrund beteiligt gewesen zu sein. Trotz seiner Abneigung (vgl. de off. III 75) verkehrte er in höflich-sachlichem Ton mit ihm.

10 Vgl. Anm. 5 zu Phil. I. Es ging um die Rückberufung des Sextus Clodius.

11 Die beiden Männer waren die Anführer der Sturmtrupps, die die Zugänge zum Versammlungsgebäude besetzt hielten. Nach dem Gesetz des Pompeius vom J. 52 waren alle diejenigen unter Mordanklage zu stellen, die bewaffnet auftraten und andere bedrohten.

12 Anspielung auf den Vorwurf, Antonius habe zusammen mit Caesars Schreiber Handschriften gefälscht. Vgl. § 35.

13 Auch die Urteile bei der Catilinarischen Verschwörung waren im Namen des Senats ergangen; Cicero konnte als Konsul von sich aus keine Strafen verhängen.

14 Nämlich Fulvia, zuerst Gattin des ermordeten Clodius, dann Frau des Curio, der im Bürgerkrieg umkam. Vgl. auch § 113.

15 P. Servilius Vatia Isauricus, 79 Konsul, Sieger im Seeräuberkrieg. Die folgenden Konsulare hatten sich in der Senatssitzung vom 5. Dezember 63 für die Todesstrafe gegen die Catilinarier ausgesprochen, vgl. ad Att. XII 23(21),1: Q. Lutatius Catulus, 78 Konsul, erster Mann des Senats (*princeps senatus*) zur Zeit der Verschwörung; er begrüßte Cicero als *pater patriae*. L. Licinius Lucullus, 74 Konsul, Feldherr im 2. Mithridatischen Krieg. Sein Bruder M. Licinius Lucullus, Konsul 73, unterwarf Thrakien. Marcus Licinius Crassus Dives schloß mit Caesar und Pompeius das erste Triumvirat und fiel 53 auf einem Feldzug gegen die Parther. Q. Hortensius Hortalus, Konsul 69, neben Cicero der berühmteste Redner seiner Zeit. C. Scribonius Curio, Vater des gleichnamigen Volkstribunen (vgl. Anm. 4), Konsul 76, Gegner Caesars, mit Cicero befreundet (vgl. Phil. II 45 f.). C. Calpurnius Piso, von Cicero vor Gericht verteidigt, war 67 Konsul, zusammen mit Manius Acilius Glabrio, der beim Prozeß gegen Verres den Gerichtsvorsitz geführt hatte. Manius Aemilius Lepidus und L. Volcatius Tullus waren 66 Konsuln. C. Marcius Figulus war 64 Konsul, D. Iunius Silanus, Konsul 62, hatte sich mit Nachdruck für die Hinrichtung der Catilinarier ausgesprochen. L. Murena, Konsul 62, wurde von Cicero vor Gericht verteidigt (*Rede für Murena*).

M. Porcius Cato der Jüngere, Vorbild des aufrechten Republikaners, sprach sich entschieden für die Verurteilung der Catilinarier zum Tode aus. 54 Praetor, kämpfte im Bürgerkrieg gegen Caesar, beging in Utica Selbstmord nach Caesars Sieg bei Thapsos (46 v. Chr.).

16 Gnaeus Pompeius führte zur Zeit von Ciceros Konsulat Krieg im Osten. Cicero berichtet Atticus (ad Att. I 19,7), daß Pompeius ihn bald nach seiner Rückkehr in einer Rede als Retter des Vaterlandes bezeichnet habe, vgl. auch ad Att. II 1,6; de off. I 78.

17 L. Aurelius Cotta, Konsul 65. Der Wortlaut des Antrags findet sich in der dritten Catilinarischen Rede § 15.

18 P. Lentulus Sura, der wegen seiner Teilnahme an der Catilinarischen Verschwörung hingerichtet wurde. Vgl. Cat. IV 13.

19 Phormio und Gnatho sind Schmarotzer in den Komödien des Terenz (*Phormio, Eunuchus*), Ballio kommt als Kuppler bei Plautus vor (*Pseudolus*).

20 Im Concordiatempel hielt Cicero am 5. Dezember 63 die vierte Catilinarische Rede vor dem Senat. An diesem Tag wurde das Todesurteil gegen die Catilinarier beschlossen. Über die einmütige Haltung aller Teile der Bevölkerung spricht Cicero in Cat. IV 15 ff. Für den Fall eines bewaffneten Aufruhrs ließen sich damals viele Bürger in Musterungslisten eintragen.

21 Ein Schreiben der Catilinarier an den gallischen Stamm der Allobroger, mit dem diese aufgewiegelt werden sollten, vgl. Cat. III 4 ff.

22 Nämlich Cicero als Konsul.

23 »Im Hause« soll daran erinnern, daß Lentulus i. J. 70 von den Censoren wegen seines Lebenswandels aus dem Senat ausgeschlossen worden war und also zu Hause bleiben mußte.

24 Syrisch-arabischer Volksstamm, i. J. 63 von Pompeius unterworfen, als verwegene Räuber und gute Bogenschützen bekannt. Sie dienten Antonius als Leibwache.

25 Wörtl.: Gemahlin. Cytheris, die Freigelassene eines Volumnius Eutrapelus, vgl. Phil. II 58 und 69, später Geliebte des Dichters Gallus, der sie Lycoris nannte und ihr seine Elegien widmete (vgl. Vergil Ekl. 10). Sie war *mima*, d. h. sie trat nicht in Dramen, sondern in Possen und Revuen auf.

26 *Cedant arma togae* (*toga* ›das Friedenskleid‹), *concedat laurea laudi*. Zitat aus Ciceros Epos über sein Konsulat (*de consulatu*

suo). Vgl. de off. I 77. Über Ciceros Verse schreibt Juvenal (Sat. 10,120 ff.): »Des Antonius Schwerter hätte er verachten können, hätte er sich nur immer so ausgedrückt. [. . .] Mir gebe man lieber Verslein, die das Gelächter der Menschen erregen, als dich, göttliche Philippica, die du nach der ersten kommst!«

27 P. Clodius und T. Annius Milo bewarben sich um das Konsulat und lieferten sich heftige Straßenschlachten. Bei einem Treffen auf der Via Appia wurde Clodius von Milo erschlagen. Pompeius nutzte die daraus entstandenen Unruhen, um sich zur Wiederherstellung der Ordnung zum alleinigen Konsul wählen zu lassen. Er erließ ein Sondergesetz für den Fall des Milo und übte starken Druck auf das Gericht aus. So wurde Milo trotz Ciceros Verteidigung (*Rede für Milo*) verurteilt.

28 In der *Rede für Milo* § 47 sagt Cicero allerdings, daß es Stimmen gäbe, die ihn mit dem Totschlag in Verbindung brachten. Den Mordversuch des Antonius an Clodius schildert er Mil. 40. Vgl. auch Phil. II 49.

29 Cicero verschweigt absichtlich, daß es auch das Konsulatsjahr Caesars war (59). Im Jahr zuvor hatten sich Caesar, Pompeius und Crassus zum Triumvirat zusammengeschlossen. Bibulus mißbilligte dies ebenso wie die gewaltsamen Aktionen Caesars während des Konsulatsjahres. Er zog sich völlig zurück, so daß man zu sagen pflegte: *Caesare et Iulio* sei etwas verordnet worden, anstatt *Caesare et Bibulo* (Suet. Iul. Caes. 20). Cicero will dagegen andeuten, daß Bibulus der einzig legal amtierende Konsul des Jahres gewesen sei.

30 Caesars Kommando in Gallien war auf den Zeitraum von März 59 bis März 54 begrenzt. Im Jahre 55 teilten sich die Konsuln Pompeius und Crassus die Provinzen Spanien und Syrien auf fünf Jahre zu und verlängerten dabei auch Caesars gallisches Kommando nochmals bis 49. In diesem Jahr wollte sich Caesar um das Konsulat bewerben, *in absentia*, d. h. ohne seine Immunität als Imperiumsträger aufzugeben. Hätte er als Privatmann nach Rom kommen müssen, wäre er von seinen Gegnern wegen unrechtmäßiger Amtsführung unter Anklage gestellt worden und hätte mit der Strafe der Verbannung zu rechnen gehabt. Dazu konnte er sich freilich nicht bereitfinden, ganz gleich wie sich die Rechtslage auch darstellen mochte.

31 L. Iunius Brutus hatte den letzten König vertrieben, C. Servilius Ahala hatte 439 v. Chr. Spurius Maelius getötet, der im

Verdacht stand, nach der Königsherrschaft zu streben. Servilia, die Mutter des Brutus, führte ihre Familie auf diesen Ahala zurück. Die Wachsbüsten der Ahnen waren im Atrium des Hauses aufgestellt. So hatte man sie täglich vor Augen und wurde an ihren Ruhm erinnert, der ein Ansporn für eigene Taten war.

32 Zu den Vorfahren des C. Cassius Longinus gehörte der Überlieferung nach Spurius Cassius Vecellinus, der in den Jahren 502, 493 und 486 Konsul war. Wegen seines Strebens nach Alleinherrschaft wurde er vom eigenen Vater den Gerichten überliefert. Vgl. Cic. de rep. II 60.

33 Über ein solches geplantes Attentat ist nichts Näheres bekannt. Es müßte im Jahre 47 geplant gewesen sein, als Caesar nach der Schlacht von Pharsalos durch Kilikien nach Pontus marschierte. Cassius hatte als Pompeianer gegen Caesar gekämpft und nach dem Tode des Pompeius die Waffen niedergelegt.

34 Gnaeus Domitius Ahenobarbus, der i. J. 32 Konsul werden sollte, hatte bei Pharsalos gegen Caesar gekämpft und war danach ins Exil gegangen. Nach Suet. Nero 3 war er zwar Mitwisser bei der Verschwörung, aber kein Mittäter. Sein Vater war L. Domitius, Verfechter der Senatspolitik, Konsul 54, der im Bürgerkrieg Corfinium gegen Caesar gehalten hatte und bei Pharsalos gefallen war. Der Onkel des Gnaeus war M. Porcius Cato, dessen Schwester mit Lucius verheiratet gewesen war. Cato gab sich 46 bei Utica den Tod, um die Republik nicht überleben zu müssen.

35 Ursprünglich eifriger Anhänger Caesars, hatte er als Volkstribun das Gesetz über die Verlängerung von Caesars Kommando in Gallien durchgesetzt. Er schloß sich später jedoch den Verschwörern an und übernahm die Aufgabe, Antonius beiseitezunehmen und am Betreten des Sitzungssaales zu hindern. Vgl. auch § 34 und Anm. 43.

36 Er war ein naher Freund Caesars gewesen, übernahm aber beim Attentat die Rolle, Caesar angeblich wegen der Begnadigung seines Bruders aufzuhalten und den Verschwörern das Zeichen zur Tat zu geben, indem er ihm die Toga herabzog.

37 P. Servilius Casca, der den ersten Streich gegen Caesar führte, und sein Bruder Gaius. Als ihr Ahnherr galt Servilius Ahala (vgl. Anm. 31).

38 *honoris causa* – eine Höflichkeitsformel bei der Erwähnung

lebender oder zugleich anwesender Personen, die Antonius offenbar ostentativ-ironisch gebrauchte (vgl. die Rede des Antonius in Shakespeares *Julius Caesar*: »and Brutus is an honourable man«). Cicero nimmt Antonius beim Wort und ignoriert die doppeldeutige Verwendung. Seine Forderung nach klarer Beurteilung der Caesarmörder versetzte Antonius in eine politische Zwangssituation, die ihm unerwünscht sein mußte. Zahlreiche Soldaten hatten sich bereits gegen ihn gewandt, da er ihrer Meinung nach die Mörder des toten Imperators verfolgen müsse. Da er dies nicht tat, traten sie zu Octavian über, der bereits erfolgreich Truppen warb und dabei versprach, seinem Adoptivvater die gebührenden Ehren nicht vorzuenthalten, was die Soldaten zufriedenstellen und Antonius und die Senatspartei einschüchtern sollte.

39 Mit diesem Titel war Caesar geehrt worden. Antonius hatte ihm eine Statue errichten lassen mit der Inschrift: *Parenti optime merito* – dem hochverdienten Vater (sc. des Vaterlandes).

40 D. h. der Präsenzpflicht des Stadtpraetors. – Zu den Apollinarspielen vgl. Phil. I 36 und Anm. 43. – Brutus und Cassius waren die Provinzen Kreta und Cyrene zugewiesen worden.

41 Vor allem bei den Veteranen, vgl. ad fam. XII 2,1.

42 Vgl. Ciceros Brief an Cassius (ad fam. XII 3,1): »Ich sei der Anstifter zu eurer herrlichen Tat gewesen, behauptet dieser Verrückte. Wäre es nur so! Dann fiele er uns jetzt nicht zur Last!«

43 Vgl. Plut. Ant. 13. Trebonius und Antonius reisten i. J. 45 Caesar entgegen, als dieser von seinem Feldzug aus Spanien zurückkehrte, und trafen in Narbo (Narbonne in Südfrankreich) mit ihm zusammen. Der Attentatsplan ging von Trebonius aus, der ihn Antonius unterbreitete. Dieser lehnte eine Teilnahme zwar ab, schwieg aber darüber.

44 L. Cassius, Volkstribun 137 v. Chr., der als Richter wegen seiner Strenge bekannt war und den Satz *cui bono?* in das Rechtswesen einführte. Vgl. auch Cic. *Rede für Milo* 32.

45 Vgl. Phil. I 17 und Anm. 25.

46 Im Sommer 49 traf Cicero mit den übrigen Pompeianern in Epirus zusammen. Aus Ciceros Briefen geht hervor, daß er voller Verzweiflung über den Bürgerkrieg selbst wie auch über die Unfähigkeit der Pompeianer war und eine Niederlage voraussah. Vgl. z. B. ad Att. XI 4(4a); 6(5); 7(6); ad fam. VII 3. Im

August 48 fand die Schlacht von Pharsalos statt, deren Ausgang Ciceros Befürchtungen recht gab.

47 Manche schienen erwartet zu haben, daß sich Cicero nach der Niederlage den Tod gab, wie später Cato in Utica. Vgl. ad fam. VII 3,6: »Denn obwohl mein Tod dem Staat nichts genützt hätte, halten manche es doch für ein Verbrechen, daß ich noch lebe. Sie meinen gewiß, es seien noch nicht genug Menschen ums Leben gekommen. Hätte man auf mich gehört, dann könnten sie, wenn auch unter einem unbilligen Frieden, aber doch in Ehren leben. Denn nur ihre Waffen wären unterlegen, nicht ihre Sache.«

48 Vgl. Plut. Pomp. 76 ff. Pompeius floh nach der Niederlage von Pharsalos zunächst nach Zypern, wo er sich in der Stadt Paphos aufhielt. Dann brach er nach Ägypten auf, wo er ermordet wurde.

49 Nach dem Text wörtlich: Du warst sein »Güterschlächter« (*sector*), d. h. jemand, der konfisziertes Gut zu Schleuderpreisen aufkaufte und mit Gewinn weiterveräußerte, vgl. § 65 ff. Bei solchen Gelegenheiten pflegten sich Freigelassene, Bankrotteure und übel Beleumundete zu bereichern, vgl. Ciceros *Rede für Roscius*.

50 D. h. daß sich Cicero nicht einer einzigen Stimmung völlig hingegeben habe. Zu seinen sarkastischen Scherzen vgl. Plut. Cic. 38 und Macrobius, *Saturnalien* II 3: Als einige Cicero tadelten, er käme reichlich spät, sagte er: »Anscheinend komme ich zu früh, denn ich sehe, hier ist noch gar nichts vorbereitet.«

51 Es war allgemein üblich, die Verbindung mit Freunden im weitesten Sinne zu dokumentieren, indem man sie in seinem Testament bedachte. Die Behauptung des Antonius soll die gesellschaftliche Isolierung Ciceros beweisen, der als *homo novus*, als Mann ohne Ahnen, der nicht von Geburt zur Adelsklasse gehörte, nicht über solch weitreichende Verbindungen verfügte wie etwa Antonius. Übrigens pflegten auch Klienten ihre Patrone im Testament zu bedenken. Da die *gens Antonia* eine in ganz Italien verbreitete Klientel besaß, konnte Antonius natürlich nicht alle persönlich kennen, die ihn in ihrem Testament bedachten.

52 In der Nähe des heutigen Monte Cassino.

53 Er hinterließ nur Schulden.

54 In der Villa des Metellus Scipio, des Schwiegervaters des Pompeius, der sich nach der Niederlage von Thapsos (46) das Leben genommen hatte.

55 Der berühmte Redner Marcus Antonius, vgl. seine Charakteristik in Cic. de or. III 32.

56 An der Ostküste Siziliens, in einer der fruchtbarsten Gegenden Italiens. Die Gebiete waren Staatsländereien, auf denen Getreide angebaut wurde. Die Pächter hatten eine Abgabe zu entrichten.

57 Vgl. § 101.

58 Ironisch gemeint: Antonius hatte das Erbe seines Vaters nicht angetreten, um dessen Schulden nicht bezahlen zu müssen (§ 42 Ende). Damit hatte er nicht einmal den Versuch gemacht, den guten Namen seines Vaters wiederherzustellen. Dies widersprach den römischen Vorstellungen von *pietas*, kindlicher Ehrfurcht und Sohnesliebe.

59 Der Volkstribun L. Roscius Otho hatte i. J. 67 durchgesetzt, daß die ersten 14 Reihen im Theater für die römischen Ritter reserviert waren, während die Senatoren hinter der Orchestra Platz nahmen. Da jeder Ritter ein bestimmtes Vermögen nachweisen mußte (um im Kriegsfalle seine Ausrüstung aufbringen zu können), waren Bankrotteure aus dem Ritterstand ausgeschlossen.

60 Vgl. Anm. 4. Die Beziehung beider war offenbar stadtbekannt, denn Cicero spricht in einem Brief (ad Att. I 14,5) aus d. J. 61 von Antonius als »Curios Töchterlein« (*filiola Curionis*). Zu Curios Vater vgl. Anm. 15. – Cicero selbst hatte große Hoffnungen auf den redebegabten jungen Curio gesetzt; vgl. Cic. Brut. 81 und die Korrespondenz mit Curio ad fam. II 1–7.

61 Im Jahr 58. Clodius setzte in diesem Jahr Ciceros Verbannung durch. Die Anspielung auf die Intrige in Clodius' Haus geht möglicherweise auf intime Beziehungen des Antonius zu Fulvia, seiner späteren Frau, die damals noch die Gattin des Clodius war. Vgl. § 99.

62 Im Jahr 55 forderte Gabinius, der übel beleumundete Prokonsul von Syrien, Antonius auf, an einem Kriegszug teilzunehmen, um den vertriebenen Ägypterkönig Ptolemaios XII. Auletes wieder auf den Thron zu setzen. Der Senat hatte sich dagegen ausgesprochen, Weissagungen aus den Sibyllinischen Büchern untersagten es ebenfalls. Gabinius unternahm den Zug

auf eigene Faust, wie man vermutete, von ägyptischem Gold bestochen. Vgl. Plut. Ant. 3. Nach Beendigung des Kriegszuges i. J. 54 begab sich Antonius nach Gallien in Caesars Dienste.

63 Sisapo war eine Stadt im Süden Spaniens, wo sich Zinngruben befanden, die von einer Genossenschaft ausgebeutet wurden. Die »Partner« des Antonius bei seinem Haus waren seine Gläubiger.

64 Die Spannungen zwischen Cicero und Antonius gingen zurück auf die Hinrichtung des Catilinariers Lentulus, des Stiefvaters des Antonius, sowie Ciceros Verbitterung darüber, daß Antonius offen Ciceros Feind Clodius unterstützt hatte. Es lag in Caesars Interesse, Antonius ebenso wie Cicero zu gemeinsamer Mitarbeit bei seiner politischen Arbeit zu bewegen.

65 Die Quaestoren wurden den Propraetoren und Prokonsuln für den Dienst in den Provinzen offiziell zugeteilt, und zwar auf einem der drei genannten Wege. Antonius war von sich aus mit Caesar nach Gallien gegangen.

66 D. h. Curio, vgl. § 44.

67 Man verhandelte damals mit Caesar, der aufgefordert wurde, sein Kommando niederzulegen (vgl. Anm. 30). Der Volkstribun Curio unterbreitete Caesars Vorschläge und trat für sie ein. Als am 9. Dezember 50 sein Tribunat ablief, übernahmen Antonius und Q. Cassius Longinus als Tribunen die Vermittlerrolle des Curio. Als keine Einigkeit erzielt wurde, erließ der Senat auf Betreiben der Konsuln Marcellus und Lentulus am 7. Januar 49 das *Senatus consultum ultimum*, den Notstandsbeschluß, und beauftragte Pompeius mit der Aushebung von Truppen. Dagegen interzedierte Antonius; er forderte, man dürfe diesem Befehl keinen Gehorsam leisten. Daraufhin wiesen ihn die Konsuln mit Curio und Cassius zusammen aus dem Senat. Unter Protest verließen sie Rom und begaben sich zu Caesar (vgl. Plut. Ant. 5; App. bell civ. II 33). Caesar hatte damit einen Trumpf in der Hand: Er erklärte, die verletzte Tribunenwürde wiederherstellen zu müssen, als er den Rubikon überschritt und den Bürgerkrieg begann (Caes. Bell. civ. I 7).

68 Das *Senatus consultum ultimum*, den Notstandsbeschluß.

69 In den Schlachten von Pharsalos, Thapsos und Munda (48, 46 und 45 v. Chr.).

70 Der Oheim väterlicherseits, C. Antonius Hybrida, der mit

Cicero zusammen Konsul gewesen war, und wegen seines Lebenswandels aus dem Senat ausgestoßen worden war. Wegen räuberischer Erpressung in der Provinz wurde er verbannt.

71 Es war i. J. 49, als Cicero ins Lager des Pompeius gegangen war. Wie seine Briefe zeigen, hatte er vor seiner Abreise jedoch genügend Gelegenheit, das Treiben des Antonius zu beobachten, vgl. ad Att. X 15(13),1, wo er schildert, wie Antonius in den hellen Tag hineinschläft und die Abgesandten der Städte wieder weggeschickt werden müssen.

72 Als Freigelassene eines Volumnius konnte sie sich nach ihrem Patron nennen. Volumnia war aber auch der Name der Gattin des berühmten römischen Helden C. Marcius Coriolanus, und die Bevölkerung mußte es als unziemlich empfinden, mit diesem Namen eine Komödiantin an der Seite eines römischen Amtsträgers begrüßen zu müssen. – Antonius' Mutter Iulia hingegen war eine angesehene Dame aus dem julischen Hause.

73 Die Frage, wer von den beiden Feldherrn im Bürgerkrieg der Angreifer und wer der Verteidiger des Vaterlandes gewesen war, sollte nicht gestellt werden, da sonst die Soldaten des Schuldigen ihren rechtlichen Status und ihre Ansprüche gefährdet sehen mußten.

74 Als *magister equitum*, d. h. Befehlshaber der Reiterei, glaubt Antonius – so Ciceros Vorwurf – ein Recht zu haben, mit einem Hippias (d. h. Reiter) intime Beziehungen zu pflegen. – Die staatseigenen Pferde waren für die Rennen im Zirkus bestimmt.

75 Das Haus des Pompeius. – M. Pupius Piso Calpurnianus, Konsul 61, war Legat des Pompeius im Osten gewesen.

76 Vgl. § 40 f.

77 Im September 47. Anspielung auf Caesars Beziehung zu Kleopatra, die ihm den Besitz Ägyptens sicherte.

78 Bei Naevius und bei Plautus, vgl. dessen *Poenulus* 843.

79 Vgl. Anm. 34.

80 Caesar schätzte die militärische Begabung des Antonius, nahm ihm aber seinen liederlichen und verschwenderischen Lebenswandel übel, weil er damit bei den Römern Anstoß erregte und Caesars Politik diskreditierte. So kam es zu einer Entfremdung beider Männer, vgl. Plut. Ant. 9 f.

81 Vgl. § 40. Sie erhoben Anspruch auf einen Teil der Versteige-

rungsmasse, da Antonius sich zu Unrecht der Erbschaft ihres Verwandten Rubrius bemächtigt hatte.

82 Deshalb reiste er nur bis nach Narbo (vgl. § 34 und Anm. 43).

83 In den Schlachten von Pharsalos, Thapsos und Munda (48, 46 und 45 v. Chr.).

84 An der Via Flaminia, keine 10 Meilen von Rom. Antonius hätte also durchaus noch nach Hause kommen können. Es gab damals Gerüchte, Caesar sei tot und seine Heere rückten gegen Rom heran. Durch die unvermutete nächtliche Ankunft des verkleideten Antonius fühlte sich die Bevölkerung beunruhigt, vgl. ad Att. XII 19,2. Die Volkstribunen, die Antonius vor die Volksversammlung brachten, forderten offenbar eine öffentliche Auskunft von ihm.

85 Fulvia.

86 *Catamitus* in der Komödie eine Verballhornung von Ganymedes, der von seinem Liebhaber Zeus geraubt wird.

87 Einer der Stadtpraefekten, die sich mit privatrechtlichen Fällen zu befassen hatten.

88 Vgl. Anm. 8. Wenn ein Augur günstige oder ungünstige Vorzeichen (Auspizien) festgestellt hatte, konnte er deswegen nicht selbst bei politischen Versammlungen Einspruch erheben. Er konnte seine Beobachtungen nur den Magistraten melden. Die höheren Beamten dagegen hatten das Recht, aufgrund ungünstiger Auspizien ihr Veto einzulegen und so z. B. Gesetze für ungültig zu erklären, wenn es während der Verkündung blitzte und donnerte (vgl. Phil. V 7 f.). Zum Umgang des Antonius mit den Auspizien vgl. § 82 ff.

89 Nämlich die Versammlung nach Meldung eines ungünstigen Vorzeichens aufzulösen. – Um den Mißbrauch der Auspizien einzudämmen, war gesetzlich bestimmt worden, daß an einem Wahltag selbst keine Himmelsbeobachtungen angestellt werden durften.

90 C. Laelius mit dem Beinamen *Sapiens*, der Weise, Freund des jüngeren Scipio, von Cicero in de nat. deor. III 5 als Kenner des Auguralwesens gerühmt.

91 D. h. das Augurenkollegium, das allein eine endgültige Entscheidung über die Rechtmäßigkeit von Dolabellas Wahl treffen konnte.

92 Ein altes Sühn- und Reinigungsfest, das am 15. Februar gefeiert wurde. Die Teilnehmer des Ritus, die *Luperci*, (urspr. Wolfsab-

wehrer), zogen, nur mit einem Schurz bekleidet, in einer Prozession durch die Stadt und schlugen die Zuschauer, vor allem die Frauen, mit Lederstreifen vom Fell des Opfertieres, was Glück und Fruchtbarkeit verleihen sollte. Antonius führte am 15. Februar 44 die Luperci an, und Caesar wohnte der Zeremonie im Schmuck der Triumphinsignien bei. Vgl. die Schilderung bei Plut. Ant. 12, Caes. 61. – Im folgenden wird deutlich, wie Cicero die Vorstellung aufrechterhält, es handele sich um eine wirklich gehaltene Rede.

93 Vgl. Phil. II 63.

94 Vgl. Phil. II 43.

95 Wie Vieh oder säumige Sklaven. – Cicero wiederholt im folgenden den Vorwurf, den er Brutus und Cassius nicht ersparen zu können glaubte: Sie hätten, um die Gewaltherrschaft zu beseitigen, auch Antonius töten müssen.

96 Vor seinem Abzug in den Partherkrieg wollte Caesar Dolabella als seinen Stellvertreter im Konsulat bestätigt wissen. – Antonius hatte sich nach anfänglichem Widerstand am 17. März mit Dolabella als Kollegen einverstanden erklärt; anscheinend drohte er jedoch immer wieder mit der Anwendung der Auspizien, um Dolabella gefügig zu machen.

97 Plut. Ant. 14 und Brut. 18 berichtet, Antonius habe nach der Ermordung Caesars Sklavenkleider angelegt und sich versteckt gehalten. Er faßte jedoch bald wieder Mut, daher beschied er die Unterhändler des Senats, die zu ihm gekommen waren, auf den nächsten Tag, um sich vorher noch eingehend mit Lepidus, dem *magister equitum*, beraten zu können.

98 Antonius' Sohn von Fulvia, vgl. Phil. I 2.

99 Caesar sollte auf dem Marsfeld eingeäschert werden, wo er auch seine letzte Ruhe finden sollte. Die aufgeregte Volksmenge verbrannte ihn jedoch auf dem Forum, wo die Leichenfeier abgehalten wurde. Vgl. ad Att. XIV 10,1.

100 Den Ruß von Caesars Asche und den seiner eigenen bösen Taten.

101 Vgl. Phil. I 2 ff.

102 Tetrarch von Galatien (in Kleinasien), der die Römer militärisch unterstützt und dafür von Pompeius den Königstitel erhalten hatte. Im Bürgerkrieg stand er auf Pompeius' Seite und mußte daher unter Caesar Gebietseinbußen hinnehmen und Kontributionen zahlen. Sein Enkel Castor, der sich des Thrones bemäch-

tigen wollte, beschuldigte ihn, i. J. 47 ein Attentat auf Caesar geplant zu haben. Cicero verteidigte den König vor Caesar (*Pro rege Deiotaro – Rede für den König Deiotarus*).

103 Massilia (Marseille) hatte im Bürgerkrieg für Pompeius Partei ergriffen und war von Caesar, der dies in seinem Werk über den Bürgerkrieg beschreibt (bell. civ. II 1 ff.), belagert und eingenommen worden. In de off. II 28 rechnet es Cicero unter Caesars schlimmste Schandtaten, daß dieser das Bild Massilias, einer von alters her mit Rom befreundeten Stadt, in seinem Triumphzug mitgeführt habe.

104 Vgl. Cic. ad Att. XIV 12,1: »Deiotarus verdient es ja, daß er sein gesamtes Reich wiedererhält, aber doch nicht durch Fulvia!«

105 Sextus Clodius.

106 Im Zuge seiner Kompromißpolitik hatte Antonius die politisch bedeutungslose Provinz Kreta an Brutus vergeben.

107 Die politischen Verbannten wurden nun zugleich mit den Kriminellen amnestiert.

108 Vgl. Anm. 70. Da er wegen seines Lebenswandels aus dem Senat ausgestoßen worden war, erschien er für das Amt des Censors denkbar ungeeignet.

109 Vgl. Phil. V 8 f., wo Cicero schildert, wie Antonius sein Landverteilungsgesetz unter Blitz und Donner bei der Volksversammlung eingebracht habe, was gegen das Auguralrecht verstieß.

110 Eine Kommission zur Landverteilung an die Veteranen, bei der Antonius' Bruder Lucius den Vorsitz führte. – Der eine, der dazwischenkam, war vermutlich Nucula oder Caesennius Lento; beide werden in Phil. XI 13 die »Aufteiler Italiens« genannt.

111 Antonia, seine zweite Frau. – Die »andere Partie« ist Fulvia.

112 Antonius überwachte auf dieser Reise die Durchführung seines Gesetzes zur Veteranenansiedlung. – Die Bewohner Capuas waren gegen die Ansiedlung neuer Kolonisten und hatten Antonius feindlich behandelt, ja sogar tätlich anzugreifen versucht.

113 Im Konsulatsjahr Caesars wurde der bisher staatliche Ager Campanus zur Versorgung der Veteranen des Pompeius aufgeteilt. Bisher war das Gebiet an Privatleute verpachtet gewesen, die von ihrem landwirtschaftlichen Ertrag Abgaben an den Staat zu entrichten hatten.

114 In Kampanien, in der Nähe von Capua.
115 M. Terentius Varro, 116–27 v. Chr., einer der gelehrtesten Männer seiner Zeit, Schriftsteller (sein Werk *de re rustica – Vom Landbau* ist erhalten), Freund und Briefpartner Ciceros (vgl. ad fam. Buch IX 1–8). Sein Gut bei Casinum (in der Nähe des heutigen Monte Cassino) beschreibt Varro in de re rust. III 5,9. Er hatte auf der Seite des Pompeius gestanden, Caesar konnte also sein Gut konfiszieren.
116 Vers aus einem unbekannten Drama, den Cicero im Hinblick auf die enteigneten Häuser der Pompeianer auch in de off. I 139 zitiert.
117 M. Satrius, der nach seiner Adoption Basilus hieß und der sich italischen Gemeinden als Patron aufgedrängt hatte. Vgl. de off. III 74: »der Patron des Picener- und des Sabinerlandes – welch ein Schandfleck für unsere Zeit!«
118 Vgl. Phil. I 5 Ende, § 30.
119 Während Sullas Feldzug im Osten führte Cinna zusammen mit Marius ein Schreckensregiment in Rom (87/86). Nach seiner Rückkehr errichtete Sulla eine Diktatur (82–79). Vgl. Phil. V 17 über Cinna, Sulla und Caesar: »Diese drei sind es ja, die seit der Befreiung der Bürgerschaft durch L. Brutus mehr Macht hatten als das gesamte Staatswesen.«
120 Vgl. Phil. V 18: »nicht etwa um die Schilde darin zu verstecken, sondern nur, damit seine Anhänger sich nicht damit abschleppen mußten«. – Im folgenden erinnert Cicero daran, daß die Senatoren der Sitzung fernblieben, um Obstruktion zu treiben. Viele, darunter Cicero, kamen gar nicht erst, sondern blieben zu Hause. Antonius brachte seine Gesetze daraufhin mit Hilfe der Volksversammlung durch.
121 Lies: *ut alias tolleret, promulgavit novas leges.*
122 Die sich Antonius angeeignet hatte.
123 Der geplante Aufbruch Caesars zum Partherkrieg und die damit verbundene längere Abwesenheit von Rom ließ es ihm und seinen Anhängern ratsam erscheinen, die Stellung des Diktators auch durch besondere kultische Ehrungen zu festigen. Ein mit Akroterien verziertes Giebelfeld schmückte im allgemeinen nur Tempelfronten; freilich war Caesar Pontifex Maximus und hatte seine Amtsräume in dem betreffenden Haus. Auch Ehrungen durch Standbilder sind in Rom nicht ungewöhnlich. Etwas ganz Neues ist es jedoch, daß (schon i. J. 45) im Tempel

des Quirinus eine Statue Caesars mit der Aufschrift: *Dem unbesiegten Gotte* aufgestellt wurde. Dieser Gleichstellung mit den Göttern (auch wurde der *Clementia Caesaris* ein Tempel errichtet) entsprach es, daß bei der Feier der Lectisternien, der gemeinsamen Speisung aller großen Götter, auch für Caesar ein *pulvinar*, ein mit Polstern bedecktes Speisesofa, aufgestellt wurde. Als Göttergleicher oder Vergöttlichter mußte Caesar auch einen Sonderpriester erhalten, doch hat Caesar offenbar selbst gezögert, sich dadurch endgültig den höchsten Göttern Roms gleichzusetzen. Einen staatlich sanktionierten Kult des *divus Iulius* gab es erst seit 42, das Priesteramt für Caesar trat Antonius erst 39 an, wie Plut. Ant. 33 sagt, um sich Octavian gefällig zu erweisen. – Ciceros Abscheu vor der Vergottung eines Menschen steht im Einklang mit seinen politischen und ethischen Überzeugungen, seiner *humanitas.*

124 Vgl. Phil. I 13 und Anm. 22. Vgl. auch J. Vogt, »Zum Herrscherkult bei Julius Caesar«, in: *Römischer Kaiserkult*, hrsg. von A. Wlosok, Darmstadt 1978, S. 340–350; sowie H. Gesche, *Die Vergottung Caesars*, Kallmünz 1968.

125 Beim Luperkalienfest, bei dem Antonius als Lupercus nur mit einem Schurz bekleidet auftrat, vgl. § 85 ff.

126 D. h. den Tod ihres dritten Mannes.

127 Die Befreier, Brutus und Cassius und ihre Anhänger.

128 Vgl. Cat. IV 3.

Literaturhinweise

Der lateinische Text folgt der Ausgabe von A. C. Clark:
M. Tulli Ciceronis Orationes II (Philippicae I–XIV). Oxford: Clarendon Press, 1961–65. (Repr.)

Weitere Ausgaben und Übersetzungen

M. Tullius Cicero: Orationes Philippicae I, II. Ed. J. D. Denniston. Oxford: Clarendon Press, 1977. [Lat. Text mit engl. Kommentar.]

Cicero: Staatsreden. T. 3: Die Philippischen Reden. Lat./Dt. Hrsg. von H. Kasten. Darmstadt: Wissenschaftliche Buchgesellschaft, ^{3}1981.

M. Tullius Cicero: Sämtliche Reden. Bd. 7: Philippische Reden. Eingel., übers. und erl. von M. Fuhrmann. Zürich/München: Artemis, 1982.

Ciceronis Orationes Philippicae. Lat./Engl. Ed. W. C. A. Ker. London: Heinemann, 1926. (The Loeb Classical Library.)

Cicéron: Discours Tome XIX. Philippiques I à IV. Texte établit et traduit A. Boulanger et P. Wuilleumier. Paris: Les Belles Lettres, 1959.

Trois Philippiques de Cicéron: I, VIII, XIV. Ed. E. Remy. T. 1: Text et Traduction. T. 2: Commentaire. Löwen: Brill, 1941.

Antike Quellen und Zeugnisse

M. Tullius Cicero: Atticus-Briefe. Lat./Dt. Hrsg. von H. Kasten. München/Darmstadt ^{3}1980. (Tusculum-Bücherei.)

M. Tullius Cicero: Briefe an seine Freunde. Lat./Dt. Hrsg. von H. Kasten. München/Darmstadt ^{3}1980. (Tusculum-Bücherei.)

M. Tullius Cicero: Briefwechsel mit Marcus Brutus. Lat./Dt. Hrsg. von M. Giebel. Stuttgart 1982. (Reclams Universal-Bibliothek. Nr. 7745 [2].)

The Correspondence of M. Tullius Cicero. Vol. 6. Edd. R. Y. Tyrrell and L. C. Purser. London ^{2}1933. Nachdr. Hildesheim 1969. [Lat. Text mit engl. Fußn. und ausführl. Einl.: Cicero at the Head of the State.]

Appian: Römische Geschichte. Übers. von F. L. Dillenius. Stuttgart 1828–37.
Appian's Roman History. The Civil Wars. Griech./Engl. Hrsg. von H. White. London ^{6}1979. (The Loeb Classical Library.)
Dio Cassius: Römische Geschichte. Übers. von L. Tafel. Stuttgart 1831–44.
Dio Cassius: Roman History. Griech./Engl. Hrsg. von E. Cary. Bd. 4. 5. London 1914–27. (The Loeb Classical Library.) [Mehrfach neu aufgelegt.]
Plutarchi Vitae Parallelae. Ed. C. Lindskog et K. Ziegler. Stuttgart 1968.
Plutarch: Große Griechen und Römer. Dt. von K. Ziegler und W. Wuhrmann. Bd. 4: Brutus; Cicero. Bd. 5: Antonius. Zürich 1966.
Plutarch: Alexander. Caesar. Übers. und hrsg. von M. Giebel. Stuttgart 1980. (Reclams Universal-Bibliothek. Nr. 2495 [3].)
Suetonius Tranquillus: Opera. Vol. I: De vita Caesarum: Divus Julius. Stuttgart 1958.
Sueton: Leben der Caesaren. Übers. von A. Lambert. München 1955. – Als Taschenbuch: München 1972. (dtv text-bibliothek. 6005.)
Velleius Paterculus: Römische Geschichte. Übers. von F. Eyssenhardt. Berlin 1930.
Velleius Paterculus: Compendium of Roman History. Lat./Engl. Hrsg. von F. W. Shipley. London 1924. (The Loeb Classical Library.) [Mehrfach neu aufgelegt.]

Darstellungen zur römischen Geschichte

Alföldi, A.: Oktavians Aufstieg zur Macht. Bonn 1976.
Balsdon, J. P. V. D.: Die Iden des März. In: Das Staatsdenken der Römer. Hrsg. von R. Klein. Darmstadt 1966. (Wege der Forschung. 46.) S. 597–622.
Becht, E.: Regeste über die Zeit von Caesars Ermordung bis zum Umschwung in der Politik des Antonius. Diss. Freiburg 1911.
Bengtson, H.: Grundriß der römischen Geschichte mit Quellenkunde. Bd. 1: Republik und Kaiserzeit bis 284 n. Chr. München ^{2}1970.
– Marcus Antonius – Triumvir und Herrscher des Orients. München 1977.

– Die letzten Monate der römischen Senatsherrschaft. In: Aufstieg und Niedergang der römischen Welt. Hrsg. von H. Temporini. Bd. I,1. Berlin / New York 1972. S. 967–981.
Botermann, H.: Die Soldaten und die römische Politik in der Zeit von Caesars Tod bis zur Begründung des Zweiten Triumvirats. München 1968. (Zetemata. 46.)
Christ, K.: Römische Geschichte. Einführung, Quellenkunde, Bibliographie. Darmstadt ³1980.
– [u. a.]: Römische Geschichte. Eine Bibliographie. Darmstadt 1976.
– Krise und Untergang der römischen Republik. Darmstadt 1979.
Ehrenwirth, U.: Kritisch-chronologische Untersuchungen für die Zeit vom 1. Juni bis zum 9. Oktober 44 v. Chr. Diss. München 1971.
Gardthausen, V.: Augustus und seine Zeit. Bd. 1. Leipzig 1891.
Gesche, H.: Caesar. Darmstadt 1976. (Erträge der Forschung. 51.) [Mit Bibliographie.]
Heilmann, W.: Ethische Reflexion und römische Lebenswirklichkeit in Ciceros Schrift De officiis. Wiesbaden 1982. (Palingenesia. 17.)
Heuß, A.: Römische Geschichte. Braunschweig ⁴1976.
Holmes, T. R.: The Roman Republic and the Founder of the Empire. Oxford 1923.
– The Architect of the Roman Empire. Bd. 1. Oxford 1928. Neudr. 1972.
Levi, M. A.: Ottaviano capoparte. Bd. 1. Florenz 1933.
Meier, Chr.: Res publica amissa. Wiesbaden 1966. 2., erw. Aufl. Frankfurt a. M. 1980.
Rossi, R. F.: Marco Antonio nella lotta politica della tarda repubblica romana. Triest 1959.
Stein, P.: Die Senatssitzungen der Ciceronischen Zeit. Diss. Münster 1930.
Sternkopf, W.: Die Verteilung der Provinzen vor dem Mutinensischen Krieg. In: Hermes 47 (1912) S. 312–401.
Syme, R.: The Roman Revolution. Oxford ²1952. – Dt.: Die römische Revolution. Stuttgart 1957.
Wirszubski, Ch.: Libertas als politische Idee im Rom der späten Republik und des frühen Prinzipats. Darmstadt 1967.

Zu Cicero

Boissier, G.: Cicero und seine Freunde. Leipzig 1869.
Büchner, K.: Cicero. Bestand und Wandel seiner geistigen Welt. Heidelberg 1964.
Ciaceri, E.: Cicerone e i suoi tempi. 2 Bde. Mailand 1939–41.
Delaunois, M.: Ciceros ›Philippica‹: Statistische Zählungen der Gedanken innerhalb der einzelnen Reden. In: Ciceros literarische Leistung. Hrsg. von B. Kytzler. Darmstadt 1973. (Wege der Forschung. 240.) S. 345–371.
Frisch, H.: Cicero's Fight for the Republic. The historical background of Cicero's Philippics. Kopenhagen 1946. [Übersicht über sämtliche Philippische Reden.]
Gelzer, M.: Cicero. In: RE 7 A (1939) Sp. 827–1091. [Auch als Sonderdr. Stuttgart o. J.]
– Cicero. Ein biographischer Versuch. Wiesbaden 1969.
Giebel, M.: Cicero. Reinbek bei Hamburg ³1983.
Humbert, J.: Les plaidoyers écrits et les plaidoyers réelles de Cicéron. Paris 1925. Neudr. Hildesheim 1971.
Lepore, E.: Il princeps Ciceroniano e gli ideali politici della tarda repubblica. Neapel 1954.
Mack, D.: Senats- und Volksreden bei Cicero. Diss. Kiel 1937.
– Der Stil der Ciceronischen Senats- und Volksreden. In: Ciceros literarische Leistung. Darmstadt 1973. (Wege der Forschung. 240.) S. 210–224.
Maffii, M.: Cicerone e il suo dramma politico. Mailand ²1957. – Dt.: Cicero und seine Zeit. Zürich 1943.
Meier, Chr.: Cicero. Das erfolgreiche Scheitern des Neulings in der alten Republik. In: Chr. M.: Die Ohnmacht des allmächtigen Dictators Caesar. Drei biographische Skizzen. Frankfurt a. M. 1980.
Rahn, H.: Demosthenes und Cicero. Zur Frage der geistigen Einheit der Antike. In: Atti del Primo Congresso di Studi Ciceroniani 1. Rom 1961. S. 265–282.
Schöll, F.: Über die Haupthandschrift von Ciceros Philippiken nebst Bemerkungen zu Stellen dieser Reden. Heidelberg 1976. (Sitzungsberichte der Heidelberger Akademie der Wissenschaften. Philosophisch-historische Klasse. 9.)
Seel, O.: Cicero. Wort. Staat. Welt. Stuttgart 1967.
Shackleton-Bailey, D. R.: Cicero. London 1971.

Sihler, E. G.: Cicero of Arpinum. New York ²1933.
Stockton, D.: Cicero. A political Biography. Oxford 1971.
Willrich, H.: Cicero und Caesar. Göttingen 1944. [Mit Behandlung sämtlicher Philippischer Reden und Ciceros Politik bis zu seinem Tod.]

Zeittafel

v. Chr.

15. März 44	C. Iulius Caesar ermordet. Beratung der Senatoren mit den Caesarmördern auf dem Kapitol. Gesandtschaft an den Konsul M. Antonius. Dieser bringt Caesars Geld und schriftlichen Nachlaß an sich.
16. März	Der Magister equitum Lepidus besetzt das Forum, Antonius ruft die Veteranen Caesars auf.
17. März	Senatssitzung mit Antonius und Dolabella als Ersatzkonsul. Auf Antrag Ciceros wird eine Amnestie beschlossen.
18. März	Senatssitzung. Die Nachlaßverordnungen Caesars (*Acta Caesaris*) werden ratifiziert. Beschluß einer öffentlichen Leichenfeier für Caesar.
20. März	Leichenbegängnis Caesars auf dem Forum. Rede des Antonius. Ausschreitungen der Menge gegen die Caesarfeinde.
Ende März	Die Praetoren Brutus und Cassius verzichten auf die Aufnahme ihrer Amtstätigkeit in Rom. Ein Senatsbeschluß bewilligt ihnen den Aufenthalt außerhalb Roms auf ihren Landgütern.
24. Apr.	Antonius erläßt sein Landverteilungsgesetz für die Veteranen und reist durch Kampanien, um die Durchführung zu überwachen und die Militärkolonisten an sich zu ziehen.
8. Mai	C. Octavius, der Adoptivsohn Caesars, kommt nach Rom. Er nimmt die Erbschaft Caesars an und macht gegenüber Antonius seine Ansprüche geltend.
Ende Mai	Antonius kehrt mit einer Garde Bogenschützen und 6000 Veteranen nach Rom zurück.
1. Juni	Senatssitzung, Cicero nimmt nicht teil. Antonius setzt eine Vielzahl von angeblichen Acta Caesaris durch.
2. Juni	Antonius bringt sein Gesetz über den Austausch der Provinzen in der Volksversammlung durch. Er läßt sich statt Makedonien auf 5 Jahre Gallia cisalpina

	zuweisen nebst der Verfügung über 4 Legionen aus Makedonien.
7. Juli	Die Apollinarspiele werden statt von Brutus vom Praetor C. Antonius abgehalten.
Anf. Juli	Antonius läßt Brutus und Cassius für das Jahr 43 die unbedeutenden Provinzen Kreta und Cyrene zuweisen. Octavian gewinnt viele von Caesars Veteranen und Militärkolonisten für sich.
17. Juli	Cicero bricht zur Reise nach Griechenland auf, um seinen Sohn zu besuchen.
20. Juli	Octavian veranstaltet in Rom die *Ludi Victoriae Caesaris*.
1. Aug.	Senatssitzung. Der Konsular Piso tadelt die Gewaltpolitik des Antonius.
31. Aug.	Cicero wieder in Rom.
1. Sept.	Senatssitzung. Cicero bleibt der Kraftprobe mit Antonius fern. Dieser beantragt, künftig allen Dankfesten einen Tag zu Ehren Caesars anzufügen.
2. Sept.	Dolabella leitet die Senatssitzung. Cicero hält die *erste Philippische Rede*.
19. Sept.	Senatssitzung. Antonius erklärt seine offene Feindschaft gegenüber Cicero.
Sept.	Cicero verfaßt seine *zweite Philippische Rede*, die vermutlich im November als Flugschrift veröffentlicht wurde.
Nov.	Antonius im Besitz der Legionen aus Makedonien. Octavian nimmt Verbindung zu Cicero auf.
28. Nov.	Antonius marschiert nach Ariminum, um die von Decimus Brutus verwaltete Provinz Oberitalien in seinen Besitz zu bringen. Octavian ruft die Veteranen auf und nähert sich dem Senat.
20. Dez.	Decimus Brutus erklärt in einem Edikt, er werde seine Provinz behaupten. Cicero hält die *dritte Philippische Rede*. Sein Antrag, die Provinzen sollten den derzeitigen Statthaltern belassen bleiben, wird angenommen.
20.–31. Dez.	Antonius schließt Mutina ein und belagert D. Brutus. Beginn des Mutinensischen Krieges. Octavian setzt seine Truppen nach Oberitalien in Marsch.
1. Jan. 43	Die Konsuln Hirtius und Pansa treten ihr Amt an.

	Senatssitzung, Cicero hält die *fünfte Philippische Rede*. Octavian erhält ein offizielles Kommando.
2. Feb.	Der Kriegszustand wird beschlossen. Cicero plädiert dafür, Antonius offiziell zum Staatsfeind (*hostis*) zu erklären.
20. März	Pansa marschiert nach Oberitalien ab und vereinigt seine Truppen mit denen des Octavian.
14. Apr.	Sieg der Konsuln und des Octavian über Antonius.
21. Apr.	Befreiung des D. Brutus durch die Schlacht von Mutina. Beide Konsuln gefallen. Octavian weigert sich, unter dem Oberbefehl des D. Brutus die Verfolgung des Antonius aufzunehmen.
27. Apr.	Antonius ist zum Staatsfeind erklärt. D. Brutus erhält den Oberbefehl. Zurücksetzung des Octavian. Antonius sammelt neue Truppen.
Ende Juli	Octavians Soldaten fordern vergeblich vom Senat das Konsulat für ihn. Er vereinigt sich mit Antonius und Lepidus und marschiert auf Rom.
19. Aug.	Octavian läßt sich zum Konsul wählen.
Okt.	Die Ächtung des Antonius wird aufgehoben, die Verfolgung der Caesarmörder beschlossen.
11. Nov.	Octavian, Lepidus und Antonius vereinigen sich in der Zusammenkunft von Bononia zum Triumvirat und beschließen die Proskription der politischen Gegner.
7. Dez.	Cicero im Auftrag des Antonius ermordet.

Nachwort

An den Iden des März 44 v. Chr. fiel Iulius Caesar den Dolchen der Verschwörer zum Opfer. Brutus und Cassius samt ihren Anhängern waren der Überzeugung, daß nach dem Tode des Tyrannen sogleich die freie römische Republik wieder aufleben werde. Vor allem Brutus legte Wert darauf, daß seine Tat als ein Tyrannenmord nach griechischem Vorbild erschien: Nur der Tyrann selbst sollte das Opfer sein. So lehnte er es ab, Caesars mächtigsten Gefolgsmann ebenfalls zu töten, den erfolgreichen Heerführer und derzeitigen Konsul Marcus Antonius. Als die Verschwörer beim Senat und Volk von Rom jedoch nicht die erwartete positive Reaktion erfuhren, sondern auf Schrecken und Bestürzung, ja auf Ablehnung stießen, empfanden sie Enttäuschung und Resignation.

Der Mangel einer klaren politischen Konzeption machte sich sogleich folgenschwer bemerkbar. Obwohl Brutus und Cassius als Praetoren nach dem Konsul die ranghöchsten Zivilbeamten waren, ergriffen sie nicht die Zügel der Regierung. Sie versicherten sich auch nicht der Machtmittel Caesars, seiner Gelder, seines Archivs und vor allem nicht der Soldaten. Anstatt sich entschlossen an die Spitze des Staates zu stellen, verschanzten sie sich auf dem Kapitol. Damit überließen sie das Feld dem Konsul Marcus Antonius.

Dieser hatte als Realpolitiker durchaus damit gerechnet, ebenfalls ermordet zu werden. Doch rasch erkannte er, daß die Tat der »Befreier«, wie sich die Verschwörer nannten, kein Staatsstreich war, sondern eine idealistische Handlung ohne zwingende politische Konsequenzen. So ging er unverzüglich daran, die neu entstandene Situation in seinem Sinne auszunutzen. Er überredete die Witwe Caesars, ihm den gesamten Nachlaß ihres Mannes und seine Privatschatulle auszuhändigen, er brachte die Gelder an sich, die für den geplanten Partherfeldzug des Imperators bestimmt gewesen

waren, und vor allem erließ er einen Aufruf an die Veteranen Caesars, die sich zahlreich im Stadtgebiet versammelt hatten. Außerdem schloß er sich mit Marcus Lepidus zusammen, der als *magister equitum* und Stellvertreter des Diktators die einzige schlagfertige Truppe in Rom zur Verfügung hatte. Beide kamen überein, das Forum zu besetzen und Truppen in der ganzen Stadt patrouillieren zu lassen.

In der Senatssitzung vom 17. März trafen die beiden Politiker zusammen, die als erste die schwache Position der Befreier durchschaut hatten: Marcus Antonius und Marcus Tullius Cicero. Dieser war zwar an der Verschwörung nicht beteiligt gewesen, er hatte die Tat jedoch begrüßt und sogleich vorgeschlagen, daß Brutus und die anderen Praetoren die Regierung übernehmen, den Senat einberufen und das Volk auf ihre Seite bringen sollten. Als Cicero merkte, daß Brutus in seinem idealistischen Streben nach Legalität nicht bereit war, die Konsequenzen aus seiner Tat zu ziehen, war sein Erstaunen nicht geringer als das des Antonius. Wer den Mord als Mittel der Politik nicht verschmähte, der sollte nach seiner Meinung auch nicht davor zurückschrecken, einen Konsul zu entmachten und die Regierungsgewalt zu übernehmen.

Nun versuchten Antonius wie Cicero auf ihre Weise, die Tat der Verschwörer in die politische Realität zu integrieren. Antonius wies darauf hin, daß man mit der offiziellen Billigung des Tyrannenmordes zugleich auch alle Amtshandlungen Caesars für ungültig erklären würde. Das bedeutete aber, daß viele der anwesenden Senatoren auf ihren Sitz in der Kurie und die meisten auf irgendwelche Vergünstigungen verzichten müßten, die sie dem toten Caesar verdankten. Begreiflicherweise fand sich kaum einer zu solchem Verzicht bereit; also forderte Antonius, die Amtshandlungen Caesars als gültig anzuerkennen. Sollte damit aber gleichzeitig eine Strafverfolgung der Caesarmörder verbunden sein? Dies lehnten wiederum zahlreiche der Anwesenden ab. Da machte Cicero den rettenden Vorschlag, nach

griechischem Muster eine Amnestie zu erlassen, also: Straflosigkeit für die Verschwörer, Versöhnung zwischen Caesarfeinden und -freunden und die Gültigkeit der *acta Caesaris*, seiner Amtshandlungen und Verordnungen. Antonius stimmte zu, es fand ein Treffen mit den Befreiern statt, und die allgemeine Euphorie täuschte für einen Augenblick darüber hinweg, daß mit diesem Kompromiß der politische Kurs keineswegs endgültig festgelegt war. Antonius tat den nächsten Schritt: Er setzte es durch, daß Caesars Testament veröffentlicht und ihm zu Ehren ein Leichenbegängnis auf dem Forum abgehalten wurde.

Bei dieser Feier hielt Antonius jene berühmte Leichenrede, die Shakespeare in seinem *Julius Caesar* den Quellen nachgedichtet hat. Damit gewann Antonius die Volksmenge für sich. In treuer Anhänglichkeit an den toten Caesar stellte sich das Volk fortan so feindselig gegen die Befreier, daß diese die Öffentlichkeit mieden und sich aufs Land zurückzogen. Sie wollten aber Antonius doch nicht gänzlich das Feld überlassen, sondern erwarteten, daß Cicero, ein Mann von über 60 Jahren, weniger auf seine Sicherheit geben werde als sie selbst und ihre Politik in Rom vertreten würde. »In meinem Alter habe man es ja nicht nötig, sich allzuweit vom Grabe zu entfernen, meinen sie«, bemerkt Cicero zwischen Ironie und Resignation.

Seit er als Konsul im Jahre 63 die Verschwörung des Catilina unterdrückt hatte, war er sich bewußt, zum Schützer der römischen *res publica* berufen zu sein. Unter Caesars Diktatur war er vom öffentlichen Leben weitgehend ausgeschlossen gewesen und hatte sich seiner wissenschaftlichen Schriftstellerei gewidmet. Nun, bereits im Greisenalter, betrat er erneut die politische Bühne. Mit Sorge betrachtete und kommentierte er die weiteren Schritte des Antonius. Dieser zog reichen Nutzen aus der Ratifizierung der *acta Caesaris*. Aus dem Nachlaß des toten Diktators brachte er immer neue Verfügungen hervor, die ihm selbst und seinen Anhängern soviel Gewinn und massiven Einfluß verschaff-

ten, daß auch der duldsamste Bürger nicht mehr glauben konnte, sie stammten wirklich von Caesar. Außerdem zog Antonius durch Landverteilungsgesetze die Veteranen Caesars auf seine Seite. Es zeigte sich klar, daß er niemals gewillt gewesen war, seine Rolle als Führer der Caesarianer aufzugeben; auch seine Kompromißpolitik dem Senat und den Befreiern gegenüber gehörte zu seiner Taktik. Nun unternahm er einen weiteren Schritt, um auch für die Zeit nach seinem Konsulat seine Vormachtstellung zu sichern. Er wollte sich die Anwartschaft auf die Provinz *Gallia citerior* (Oberitalien) verschaffen, die bereits für seinen politischen Lehrmeister Caesar die Ausgangsbasis für den Marsch auf Rom und der Schlüssel zum Besitz Italiens gewesen war. Zugleich sollte die Statthalterschaft von bisher zwei auf fünf Jahre verlängert werden. Am 1. Juni wollte sich Antonius der Zustimmung des Senats versichern, doch blieben Cicero und viele andere Senatoren der Sitzung fern. Daraufhin ließ Antonius seine Maßnahmen durch die Volksversammlung ratifizieren. Die schlagkräftigen Legionen, die in der Provinz Makedonien für Caesars Partherfeldzug stationiert waren, unterstellte er seinem eigenen Kommando und setzte sie nach Italien in Marsch. Er umgab sich mit Truppen und postierte Bewaffnete in der ganzen Stadt. Damit konnte er Senat und Volksversammlung jederzeit wirksam unter Druck setzen. Mit diesen Maßnahmen hatte Antonius seine bisherige Kompromißpolitik aufgegeben. Cicero mußte voller Bitterkeit feststellen: »Der Tyrann ist tot, aber die Tyrannis lebt!« Er sah derzeit keine Möglichkeit, Schritte zur Wiederherstellung der freien *res publica* zu unternehmen. Eine Weiterführung seiner Politik schien ihm erst nach dem 1. Januar 43 möglich, wenn die neuen Konsuln Hirtius und Pansa ihr Amt angetreten hätten. Von ihnen erwartete man allgemein eine senatsfreundliche Politik und vor allem die Rückkehr zu geordneten Verhältnissen.

Angesichts dieser Lage beschloß Cicero, einen langgehegten Plan zu verwirklichen und seinen Sohn Marcus zu besuchen.

Dieser studierte in Athen, und ihm war das Werk gewidmet, an dem Cicero gerade arbeitete, die Pflichtenlehre *de officiis*. Im Juli brach Cicero auf; noch vor der Überfahrt nach Griechenland erreichten ihn jedoch Nachrichten von einem bevorstehenden politischen Umschwung. Antonius wolle, so hieß es, wieder mit dem Senat zusammenarbeiten, er habe für den 1. September eine Senatssitzung anberaumt, an der möglichst alle Senatoren teilnehmen sollten. Sein Freund Atticus hatte Cicero mitgeteilt, daß man seine Abreise mit Befremden aufgenommen habe, so als ob er das Vaterland im Stich ließe. Cicero kehrte sogleich um.
Als er am 31. August in Rom ankam, wurde er zwar mit Freudenkundgebungen empfangen, bald erfuhr er aber, daß von einer Annäherung des Antonius an den Senat keine Rede sein konnte. Dieser hatte einen Vorstoß des Konsulars Piso am 1. August übel aufgenommen, und Ciceros Freunde ließen ihm bestellen, falls er wie Piso gegen die Gewaltpolitik des Antonius zu sprechen gedenke, müsse er um sein Leben fürchten. Das Sitzungsgebäude war bereits von Bewaffneten umstellt. Antonius wollte einen Antrag durchbringen, nach dem künftig allen staatlichen Dankfesten an die Götter ein Tag zu Ehren Caesars angefügt werden sollte. Die Vergottung des toten Imperators war eine politische Geste gegenüber den Veteranen, die weiterhin treu das Andenken ihres Heerführers bewahrten. Wer den Antrag ablehnte, mußte sich die Feindschaft der Soldaten zuziehen. Ihnen wurde zudem von Antonius stets suggeriert, daß mit der endgültigen Billigung des Tyrannenmordes ihre Versorgungsansprüche, vor allem ihr Landbesitz, gefährdet seien. Cicero wollte sich jedoch von Antonius nicht das Spiel aufzwingen lassen. Er blieb der Sitzung fern und entschuldigte sein Fehlen mit Krankheit. Antonius sah sich durchschaut und stieß wüste Drohungen gegen Cicero aus. Am nächsten Tag war Antonius nicht anwesend; Cicero erschien und hielt die erste seiner *Philippischen Reden*. Von diesen Reden sind 14 erhalten, die in der Zeit vom 2. September 44

bis zum 21. April 43 verfaßt sind. Ferner sind Fragmente überliefert, die als Zitate aus einer 16. Rede bezeichnet sind. Die Reden verdanken ihren Namen dem Vorbild des athenischen Redners Demosthenes, der in seinen *Philippischen Reden* die Griechen zum Abwehrkampf gegen König Philipp von Makedonien aufgerufen hatte (344–341 v. Chr.). Wie aus dem Briefwechsel Ciceros mit Marcus Brutus hervorgeht, hatte Cicero seine Reden einmal scherzhaft so bezeichnet, und Brutus griff den Namen auf. Zu diesem Zeitpunkt konnte noch niemand ahnen, wieweit die Übereinstimmung der griechischen und der römischen Philippiken gehen würde. Demosthenes, der bedeutendste Redner Griechenlands, hatte seinen Kampf für die attische Polisdemokratie und gegen die makedonische Militärdiktatur vergeblich gekämpft und sein Leben dabei eingebüßt. Auch Roms größter Redner setzte seine Existenz aufs Spiel: Er verlor und verfiel der Rache des Siegers.

Mit den *Philippischen Reden* übernimmt Cicero die Aufgabe, der »herrlichen, aber zwecklosen Tat«, wie er selbst die Ermordung Caesars nennt, einen politischen Sinn zu geben, nämlich die verfassungsmäßigen Zustände im Staat wiederherzustellen. Dazu mußte er, wie schon als Konsul, versuchen, die widerstreitenden Kräfte im Staatsleben zu einer einmütigen Haltung und zu gemeinsamem Handeln zu bewegen. Eine solche Einheitsfront aller staatstreu Gesinnten, die *concordia omnium bonorum*, zu erreichen, war ein ebenso schwieriges wie in Ciceros Augen lohnendes Ziel. Auch Antonius sollte davon nicht ausgeschlossen sein, falls er gewillt war, zu seiner Politik vom 17. März zurückzukehren.

Die erste Philippica enthält einen eindringlichen Appell zur Wiederherstellung der freien *res publica*, der sich an beide Konsuln richtet, an Antonius wie an Publius Cornelius Dolabella, Ciceros ehemaligen Schwiegersohn, der von Caesar zum Ersatzkonsul während seiner Abwesenheit im Partherfeldzug bestimmt worden war. Von Antonius hatte

Cicero manches zu leiden gehabt, die Verwandtschaft mit Dolabella hatte seiner Familie kein Glück gebracht, aber um seines Zieles willen schiebt Cicero alle persönliche Antipathie beiseite. Mit seiner oft geübten Taktik verpflichtender Lobsprüche appelliert er an die Konsuln, denen er das Bild des wahren Staatsmannes vor Augen stellt: »Euch geht es doch nicht um Geld, um Macht oder Gewalt, sondern um die Liebe eurer Mitbürger und den wahren Ruhm, der in der Anerkennung für rechte Taten und Verdienste um den Staat besteht.« (I 29). Für Cicero ist es unvorstellbar, wie man eine andere Vormachtstellung anstreben kann als die, an Freiheit allen anderen gleich, an Würde aber der erste zu sein (I 34). In seinem Werk vom Staat (*de re publica*) hatte er den *rector et conservator rei publicae* als Ideal aufgestellt, einen Mann, der den Staat verwaltet, ohne durch Eigennutz und Machtstreben aus der Bürgergemeinschaft herauszutreten. Ein solcher Mann wird von den Bürgern geliebt und geehrt, er genießt das höchste Ansehen und ist wahrhaft glücklich zu nennen. »Gibt es irgend etwas so Wertvolles, einen so erstrebenswerten Vorteil, daß es sich rechtfertigen ließe, den Glanz seines Namens, den Ruf des Ehrenmannes preiszugeben?«, fragt Cicero in seinem letzten Werk, der Pflichtenlehre (de off. III 82). Der Mensch schließt sich selbst aus der Gemeinschaft mit seinesgleichen aus, wenn er die Pfade des Rechts verläßt, um Macht zu gewinnen. »Leite den Staat so, daß deine Mitbürger sich freuen, daß du da bist«, rät Cicero dem Antonius, nicht nach der düsteren Maxime eines Gewaltherrschers: »Mögen sie mich hassen, wenn sie mich nur fürchten!«

Freilich finden sich in der ersten Philippica auch genügend scharfe Töne der Ablehnung und des Angriffs; immerhin war Cicero angesichts der allenthalben aufgestellten Sturmtrupps gezwungen, mit Worten gegen Waffen zu kämpfen, also gewissermaßen die Rolle des Oppositionsführers zu spielen, der in die Mündungen der Maschinenpistolen zu blicken hatte. Cicero war sich auch bewußt, daß er für seine

politischen Ideale wenig Rückhalt besaß. Die Stützen der Opposition hatten ihn im Stich gelassen, denn Brutus und Cassius hatten Italien geräumt und waren in den Osten gegangen, und von der schweigenden Mehrheit seines Publikums war – wenigstens im Moment – nicht mehr zu erwarten, als daß sie ihn aufmerksam anhörten. So weist er, um seine Zuhörer zu bestärken, zum Schluß darauf hin, daß das Volk sich eindeutig für die Tyrannenmörder und die staatstreu gesinnten Kräfte ausgesprochen habe. Diese Behauptung stimmte zwar mit der Wirklichkeit nicht ganz überein, sie bedeutete jedoch in Ciceros Sinne eine Aufforderung, entschlossen die öffentliche Meinung zu beeinflussen und dies nicht Antonius allein zu überlassen.

In der nächsten Senatssitzung vom 19. September, bei der Cicero nicht zugegen war, antwortete Antonius mit einer überaus scharfen Rede, in der er den endgültigen Bruch mit Cicero wie auch mit der Kompromißpolitik des Frühjahrs vollzog.

Die Vorwürfe, die er Cicero machte und die aus dessen Antwort zu rekonstruieren sind, wirken recht weit hergeholt und pauschal: Cicero als Unruhestifter in der römischen Politik der letzten 20 Jahre – kein Wunder, daß sie Cicero eine leichte Handhabe boten, alles mit gleicher Münze heimzuzahlen. Es bleibt jedoch zunächst zu fragen, warum Antonius gerade zu diesem Zeitpunkt es für geraten hielt, solch eine radikale Schwenkung in seiner Politik nach außen hin vorzunehmen und den Vorkämpfer der Republikaner so demonstrativ zu brüskieren.

Die erste und die zweite Philippica erwecken den Anschein, als gehe es hier nur um das Vormachtstreben des Antonius, das allein der Rückkehr zu verfassungsmäßigen Zuständen im Wege stehe. In Wirklichkeit war Antonius keineswegs frei in seinen Entschlüssen; zu diesem Zeitpunkt konnte er sich nämlich nicht mehr als der unumschränkte Nachfolger Caesars betrachten. Denn inzwischen hatte der Erbe des Diktators die politische Bühne betreten, Caesars Großneffe

und Adoptivsohn Gaius Octavius. In Apollonia an der illyrischen Küste, an seinem Studienort, hatte der Achtzehnjährige mit dem Imperator zusammentreffen wollen, um ihn auf dem Partherfeldzug zu begleiten. Dort erreichte ihn nun die Todesnachricht. Sogleich brach er nach Rom auf, um sein Erbe anzutreten. Das Testament verlieh ihm das Recht, den Namen Caesar zu führen, es legte ihm aber auch die Pflicht auf, den bedürftigen Bürgern Roms und den Veteranen Legate auszuzahlen, Summen im Wert von 10 Millionen Mark. Gegen den Rat seiner Familie war der junge Caesar entschlossen, das rechtliche wie das politische Erbe des Diktators anzutreten. Er forderte den Konsul Antonius auf, ihm die Gelder Caesars zu übergeben, was dieser nachdrücklich ablehnte. Er nahm – wie die anderen Zeitgenossen auch – den jungen Mann nicht ernst, sprach von ihm als dem »Knaben« und vertröstete ihn wegen des Geldes, das er zum großen Teil längst ausgegeben hatte. Octavian verkaufte sein eigenes Hab und Gut und machte alles zu Geld, was er und seine Freunde besaßen, um die Legate Caesars an die Bevölkerung auszuzahlen. Zugleich feierte er auf eigene Kosten im Juli 44 die *Ludi Victoriae Caesaris*, zum Gedenken an Caesars große Siege. Die glänzende Ausstattung der Spiele und die fromme Haltung der *pietas*, der Sohnesliebe, die sich darin und in der Auszahlung der Legate manifestierte, wirkten stark auf das Volk. Der junge Caesar war in aller Munde, und Abneigung wurde laut sowohl gegen die Caesarmörder und ihre Anhänger als auch gegen Antonius, der sich nicht offen genug gegen diese erklärt hatte und jetzt Caesars Sohn so ablehnend behandelte. Die Veteranen strömten herbei, und die ansehnliche Klientel Caesars, die dieser allenthalben in Italien besessen hatte, bot dem jungen Caesar ihre Dienste an. Zwei Legionen fielen von Antonius ab und traten zu Octavian über, der eifrig Truppen warb. Die Stellung des Antonius, die dieser durch Gesetze, Veteranenansiedlungen und Einsatz finanzieller Mittel gesichert glaubte, geriet ins Wanken. Antonius sah sich zu einem massiven Schlag gegen

die Republikaner genötigt, um sich in den Augen der neuerstarkten Caesarianerpartei zu profilieren. So errichtete er eine Caesarstatue auf dem Forum und nannte die Tyrannenmörder öffentlich Hochverräter. Zu dieser Politik gehörte es auch, Cicero zu isolieren, der seit seiner ersten Philippica als Wortführer der Caesarmörder und der Republikaner galt. Aus dieser Situation heraus wird es verständlich, daß Antonius mit solcher Schärfe gegen Cicero vorging und demonstrativ jegliche Bande mit ihm zerschnitt.

Weder Antonius noch Cicero erwähnen Octavian in ihren Reden; es scheint, als ob sich beide Politiker insgeheim noch weigerten, den so unvermutet aufgetauchten jungen Mann als politische Größe zu akzeptieren.

Ciceros zweite Philippica trägt zwar den Charakter einer im Senat gehaltenen Rede – auf den 19. September datiert, als unmittelbare Entgegnung auf Antonius –, sie ist jedoch nicht wirklich gehalten worden, sondern als Flugschrift, als politisches Pamphlet, konzipiert. Cicero schickte sie an seinen Freund und Verleger Atticus und forderte ihn am 28. Oktober 44 auf, sie zu einem passenden Zeitpunkt zu veröffentlichen. Das war vermutlich Ende November, als Antonius nach Oberitalien abmarschiert war und sich im Griff nach der strategischen Schlüsselposition deutlich als Nachfolger Caesars erwiesen hatte. Ob Atticus die Schrift sogleich im Buchhandel veröffentlichte oder ob er sie zunächst als Flugschrift kursieren ließ, als eine Art »Untergrundliteratur«, ist nicht mit Sicherheit zu klären. Die Rede war auf jeden Fall bald bekannt genug, um den unversöhnlichen Haß des Antonius zu erregen, mit dem er Cicero wenig später auf den ersten Platz der Proskriptionsliste setzte.

Die zweite Philippica, die längste Rede Ciceros, ist ihrem Charakter nach eine Invektive, eine Schmäh- und Tadelrede. Sie besteht aus der Widerlegung der Vorwürfe des Antonius (1–43) sowie der Kritik an dessen Leben und Wirken (44–Ende). In der Enttäuschung über seinen vergeblichen Appell in der ersten Philippica malt Cicero Antonius in den

schwärzesten Farben. Freilich bot dessen Privatleben wie auch sein öffentliches Wirken genügend Anhaltspunkte für eine Kritik. Die Szene beim Luperkalienfest, als Antonius dem – zumindest scheinbar – widerstrebenden Caesar das Königsdiadem aufsetzen wollte, war allgemein noch in frischer Erinnerung. Die Darstellung seines Privatlebens ist sicher im Ganzen übertrieben: die scharfe und hemmungslose Art der Denunziation entsprach aber durchaus dem gängigen Ton politischer Gegnerschaft. Antonius selbst blieb keineswegs dahinter zurück, als er einige Zeit später Octavian einen zweiten Spartacus nannte und ihn, den kränklichen und schwachen Jüngling, wüstester Ausschweifungen bezichtigte. Octavian wiederum griff in der Folgezeit Ciceros Kritik auf. Er machte dessen Charakterisierung des Antonius als eines barbarischen Despoten (Phil. II 108) zur Grundlage einer wirkungsvollen Propaganda gegen den »unrömischen«, in asiatischem Luxus schwelgenden Gemahl der Kleopatra.

Cicero stellt den mit allen rhetorischen Mitteln denunzierten Antonius in eine Reihe mit den Staatsfeinden und Zerstörern der *res publica*, gegen die er zeit seines Lebens gekämpft hat, einen Catilina mit seinen Anhängern und einen Clodius. Daraus erwächst für ihn die Pflicht, alle Bürger zur Verteidigung des bedrohten Gemeinwesens aufzurufen, auch unter eigener Lebensgefahr: »Ich habe Catilinas Schwerter verachtet, ich werde auch deine nicht fürchten.« Cicero setzte seine Politik gegen Antonius fort, er errang manchen Sieg, zuletzt behielt jedoch Antonius die Oberhand. Dennoch erfüllte sich in der Zukunft, was Cicero am Schluß der 2. Philippica gewünscht hatte: daß es jedem zu guter Letzt so ergehe, wie er es um den Staat verdient habe. Das Andenken des Antonius wurde geächtet, nachdem er als Landesfeind von eigener Hand den Tod gefunden hatte. Über Cicero urteilte im ersten nachchristlichen Jahrhundert der Geschichtsschreiber Velleius Paterculus: »Du hast nichts ausgerichtet, Antonius, sage ich ... Cicero lebt und wird leben im Gedächtnis aller

Zeiten, und solange diese Welt besteht ... wird man bewundern, was er gegen dich geschrieben hat, und wird verfluchen, was du an ihm getan hast, und das Gedächtnis seines Namens wird nicht schwinden, solange es Menschen auf der Welt gibt.«

Marion Giebel

Inhalt